SHODENSHA
SHINSHO

私が見た
大谷翔平とメジャー新時代

長谷川滋利

祥伝社新書

本文に登場する個人名や所属チームなどは、本書刊行時点のものです。
本文写真／時事（特記以外）
編集協力／竹田聡一郎

まえがき

私が現役を引退してから15年が経《た》とうとしています。

ロサンゼルス・エンゼルス・オブ・アナハイム（当時／以下エンゼルス）と契約して1997年にカリフォルニア州のアナハイムに来た時、私は村上雅則《むらかみまさのり》氏、野茂英雄《のもひでお》氏に次いで3人目の日本人メジャーリーガーだったのですが、その後、才能ある後輩が次々と太平洋を越え、夢と希望を持ってメジャーにチャレンジしてくれました。

今では50人を超える日本人メジャーリーガーが誕生し、チャンピオンリング（ワールドシリーズを制した球団が選手に贈る記念の指輪）を嵌《は》める選手もいれば、優勝投手となった選手もいます。世界記録を打ち立てたバットマンまで現われました。メジャーのスカウトが日本の高校球児――例えば大船渡《おおふなと》高校の佐々木朗希《ささきろうき》投手を視察するのも当たり前の光景です。

本書で紹介する二刀流の大谷翔平《おおたにしょうへい》選手は、間違いなく令和の日本人メジャーリーガーの旗手《きしゅ》となるでしょう。その前にイチロー氏や黒田博樹《くろだひろき》氏らが平成を駆け抜けたことは言うまでもありません。メジャーの新しい時代を切り開く彼らの活躍は、一線を退《しりぞ》いた私にとっても非常に刺激的です。彼らのプレーする姿を追うことで最新の野球のストリームに触れ、改めて「ああ、野球って面白いなあ」と気づかされる毎日でもあります。

本書ではフィールドでのプレーだけではなく、彼らや私がアメリカでどんな生活を送り、そこにはどんな人々がいて、どんな出来事が起きているのか――読者の方々にメジャーリーグという世界を少しでもお知らせできれば幸いです。

その一方で、変化する球界に私は若干《じやつかん》の危惧《きぐ》も抱いています。日本ではこの10年間に中高生の野球人口が半分近くに減ってしまったと聞きます。育成年代に何が起きているのか。次世代を担《にな》う野球選手をどう育てるべきか。私なりにアイデアをまとめてみました。

日米の野球は、どちらが正しいとかどちらが優れている、と断言できるものではありません。それぞれにいい部分があって、課題もある。それらを比較しながら、より良い球界をつくってゆくべく、みんなで活発な議論ができたらこれほど嬉《うれ》しいことはありません。

2019年9月

長谷川滋利

目次

第2章　侍《サムライ》メジャーリーガー列伝　

第3章　知られざるメジャーの日常

第4章 日米の野球教育を比較する

第5章 メジャーリーガーの育て方 175

01 第1章

大谷翔平のメジャー500日

2019年9月29日、大谷翔平のメジャー2年目が終わった。エンゼルスに入団してから500日超を過ごし、投手としては4勝を挙げ、打者としては40本塁打（2019年9月12日現在。13日に左膝《ひざ》の手術を発表）を放ちながらも、まだポテンシャルを潜ませている印象を日米に鮮明に植えつけた。

なぜ彼はエンゼルスを選んだのか。そこで残した投打のインパクトと、大谷狂騒曲を振り返る。

大谷翔平が選んだエンゼルスという土壌

「（大谷選手は）リラックスしているし、いい結果が出ると思うよ」

2018年のシーズン開幕前のことです。エンゼルスに入団した大谷翔平選手について「いいチームメイトになるんじゃないかな」と看板選手のマイク・トラウト選手にテキストメッセージを送ると、すぐにそんなリプライがありました。

右の大砲アルバート・プホルス選手は、こうも語っていました。

「彼が成功するのは私たちのタスク（仕事、任務）である。でも、成功できることを私らはすでに知っているよ。素晴らしい才能だからね」

彼らは本当にナイスガイです。日本人選手がメジャー挑戦となると、同時に選手を追うメディアが日本から大挙して押し寄せてきます。グラウンドやロッカールームまで入ってきて、

「何々選手はメジャーで通用するのか」

「才能はどうだ。課題は何だ」

そんな質問をチームメイトに浴びせ続けます。私がエンゼルスに入団した時もそうでした。

その時、私は逆の立場だったら――と考えてみました。日本ではスター選手かもしれませんが、メジャーでは実績のないルーキー。まだキャラクターもプレースタイルも把握していない新戦力について根掘《ねほ》り葉掘《はほ》り聞かれると、チームメイトであっても、ちょっと疲れるかもしれない。どの球団とは言いませんが、実際に日本人選手が移籍してきて日本のメディアに追い回される状況に、「チームには彼しかいないわけじゃないんだぜ」と牽制《けんせい》

している選手も過去にはいました。

だから私は極力、日本のメディアには自分で対応するようにしていました。チームの雰囲気が微妙な時は「今日はグラウンドで答えるからロッカールームは遠慮してほしい」と記者に交渉したり、私のことばかり聞かれて疲れている捕手に積極的に声をかけ、食事に誘ったりもしました。

ただ幸い、エンゼルスというチームは強い球団でもありますが、ドジャースが本拠を置くお隣のロサンゼルスと比べても、アナハイムはおとなしい方が多く、ニューヨークやボストンといった大都市の熱狂的なファンとは対照的と言えるほどのんびりしています。だから春先にちょっと打たれても「まあ、シーズンは長いし、そのうち良くなるだろう」という温《あたた》かい応援をしてくれるような土地柄《とちがら》です。

良い意味で球団も選手ものんびりしていますし、まずはベースボールを楽しもうという土壌があります。私がエンゼルスのユニフォームを着ていたのはもう20年も前ですが、当時からエンゼルスの現場では「You're《ユア》 gonna《ゴナ》 be《ビー》 fine.《ファイン》」（うまくいくよ）や「It's《イッツ》 gonna《ゴナ》 be《ビー》 OK.《オウケイ》」（大丈夫さ）が非常によく聞こえてきました。それは今も変わりません。

エンゼル・スタジアム・オブ・アナハイム（上）にあるチームストア
には、大谷グッズが並ぶ　　　　　　　　　　　　　　　（著者撮影）

強豪ではありますが、大都市の人気チームのように結果が出ないとすぐにブーイングされたり、地元紙にコテンパンに書かれたりすることはなかなかありません。適度に楽観的で、でもしっかり勝ちに行く。そんなチームです。

だから前述のトラウト選手もプホルス選手も、大谷選手を追う日本のメディアがどれだけ質問をしても、嫌な顔はしませんでしたね。これは目に見えないですが、大きなアドバンテージではないでしょうか。

それはアナハイムのファンにも共通した部分があります。

街を歩いていても、「オオタニは、いい選手らしいね。楽しみだね」「スターター（先発投手）でもあってスラッガーでもあるんだって？　すごいじゃないか」と声をかけられました。でも、それだけです。

「シギ（私の愛称です。シゲトシなのでシギ。英語圏では、ファーストネームをもじったニックネームで呼び合います）、今季のオオタニの数字はどれくらいが目標になってくるんだ？」「打順は何番が理想だろう。ローテーションと球数についてどう思う？」

なんて専門的なことを聞いてくるファンはほとんどいませんでしたね。

また、「投手も野手もできる日本のスターなんだろ？　この金額でよく獲《と》れたね」と言うファンも多くいました。

入団までの経緯を検証する

これについてはちょっと振り返る必要があるかもしれません。

２０１７年の秋に、大谷選手はポスティングによるメジャー挑戦を表明しました。球団側が希望すれば、メジャー全30球団に交渉の権利があります。細かい部分は不明ですが、エンゼルスの他に獲得に熱心だったのは、サンフランシスコ・ジャイアンツやシアトル・マリナーズ、ロサンゼルス・ドジャース、サンディエゴ・パドレスあたりだったと聞いています。

間もなくそれぞれの球団と、代理人のネズ・バレロ氏とともに交渉のテーブルについたわけですが、金額に関しては２０１３年オフに見直されたポスティング制度によって、入札金《にゅうさつきん》に当たる譲渡金の上限が２０００万ドル（２０１７年秋のレートで約23億円。以下、為替は記述内容の時制に基づく）に設定されていました。さらに２０１６年に設定されたメジャーの新労使協定では、25歳未満でプロ経験が6年未満の選手はアマチュアとして扱われます。これによって大谷選手の契約金の上限は475万〜575万ドル(約5億3000万〜6億4000万円)に抑えられることになります。

結局、契約金は231万5000ドル(約2億6000万円)、年俸はメジャー最低年俸の54万5000ドル(約6100万円)にとどまりました。

それまでに「市場価格は2億ドル」なんていう報道もありましたので、「あれ、もうちょっともらえるのでは?」と思った日米のファンは少なくないでしょう。日本にも最近、レギュレーションに詳しいファンが増えてきましたが、アメリカでもここまで制度をしっかり把握しているファンは多くはありません。

特に前述のように、シビアな目を持つニューヨークなどの都市のファンに比べてアナハイムのファンは楽観的です。

「いい選手が入ってきたね。今年は楽しみだ」

そんな感想が一般的でした。この環境は、メジャー1年目を過ごす土地として理想に近いかもしれません。

さらにエンゼルスには寺田庸一《てらだよういち》さんという日本人トレーナーがいます。彼の存在も心強いでしょう。もともとは2010年、高橋尚成《たかはしひさのり》元投手がニューヨーク・メッツから移籍してきたのに伴ってトレーナーとしてエンゼルスと契約したのですが、高橋元投手が2年後にピッツバーグ・パイレーツへ移籍しても、現場の選手から「優秀なトレーナーなので残ってほしい」という声があり、契約を更新した実績と実力のあるトレーナーです。

こうして大谷選手のメジャー挑戦の経緯を見てくると、まず公明正大なポスティングが行なわれ、真摯《しんし》な交渉をしてくれた球団に入ることになった。そこにはナイスガイのスタープレーヤーと温かい目で見守ってくれるファン、優秀な黒衣《くろこ》となってくれるスタッフもいる。一切の批判のしようがなく、悪い要素がない入団だったと断言できます。

アナハイムのあるオレンジ・カウンティには日本人もたくさん住んでいますし、日本のスーパーマーケットもたくさんあります。グラウンド以外の問題も解決してくれるでしょう。大谷選手の活躍の舞台は2018年の開幕前に整っていたのかもしれません。

日米で論争を巻き起こした二刀流の是非

では、大谷選手本人、あるいは大谷陣営がなぜエンゼルスを選んだのか。本人は「直感のようなもの」、「家族のようなチームの雰囲気が良かった」といったコメントだけは残していますが、実は明確にされていません。

これは私の主観も入ってきますが、おそらく彼にとっては投打二刀流でのチャンスがあるかが重要で、具体的な起用法などについてエンゼルスの意見が最も本人の希望と近かったのではないかと予想できます。

当時、大谷選手の移籍に関してアメリカの複数メディアが「代理人のバレロはメジャー30球団に質問状を送った」と報じています。

質問はいくつかの項目に分かれていて、球団の育成やメディカル体制、大谷選手の評価、そして「二刀流の可能性とその起用プラン」も盛り込まれている、という話でした。

実際にバレロ氏は大谷選手について「彼はユニークかつスペシャルな選手。メジャーでも投打でプレーする希望がある」と二刀流ありきの移籍を強調していました。

そうなると、つまり先に挙げたジャイアンツなどの移籍候補チームは、もちろん二刀流を容認していたと思われます。

そしてその先のディテールとして、大谷選手は先発としての起用にこだわったのではないでしょうか。

例えば同じ西海岸の強豪・ドジャース。こちらもいいチームですが、2017年シーズンは18勝で最多勝に輝いたメジャー最高レベルのサウスポー、クレイトン・カーショー投手をはじめ、2年目で13勝を挙げた前田健太《まえだけんた》投手、12勝のリッチ・ヒル投手などを擁《よう》する投手王国でした。ワールドシリーズ進出も果たしています。

そんな環境で、ルーキーが野手もしながらローテーション入りを目指すのは現実的ではありません。二刀流のプランはあるけれど、「まずは野手、余裕があればブルペン」といった回答だったのではないでしょうか。

台所事情で言えば、2017年のエンゼルスは逆に苦しいものがありました。勝ち頭《がしら》のJ・C・ラミレスが147回を投げて11勝、パーカー・ブリッドウェルが121回で10勝。リッキー・ノラスコが181回を投げ6勝15敗。100イニング以上を投げた選手はこの3投手のみでした。

ここに大谷選手を加えたいという意図が明確だったのが、大谷選手がエンゼルスを選んだ理由だと私は考えています。

ただ、これはあくまで条件面というか、当時の各チームの戦力の巡《めぐ》り合わせでしかなく、いわば漫画のような二刀流がメジャーで本当に実現するのか。それは入団当時も、現段階でも、誰にも何とも言えません。

当時も今も、その可能性を探る記事が定期的に出ています。中にはベーブ・ルースさんと比較するものもありますが、さすがに時代が違いすぎるのでちょっと無理がありますし、マイナーリーグの選手を引き合いに出すのも論点がズレます。

現代野球ではほぼ前例がないうえに、まずは前提として何をもって「二刀流に成功した」とするのか、その定義のようなものもありません。「投手として10勝で規定打席到達」なのか「10勝20本塁打」なのか。これらの認識を日米のメディアやファンが共有していないため、誰にもその是非と可能性は分からないわけです。

だからこそ、そのぶん夢は大きいのではないでしょうか。

大谷選手は入団会見で、メジャー初勝利とメジャー1号アーチについて「最高なのはどちらも一緒の試合でできること」と語っていましたが、それだけの能力があるということは、すでにこの2シーズンで証明されました。

今後も二刀流が成立するのか否《いな》かは議論を呼び、大きな話題になるでしょう。二刀流を実現してほしい気持ち、応援したい気持ちは誰もが共通しています。でもその前に、その議論をできること自体が幸せなことなのでは、と私は思っています。

２０１８年春、衝撃のメジャーデビュー

今でこそ、大谷選手が投打に活躍するのは当然、と思っているファンは多いかもしれません。ただ、２０１８年のスプリングトレーニングおよびオープン戦の数字は好ましくないものでした。

投手としてのオープン戦の防御率は27・00、打者としては打率・１２５。この成績を受けて「まだメジャーのレベルに達していない」と断言する専門家や「マイナースタートでいいのでは」というメディアもありました。たしかに、そんな意見もあっておかしくない成績ではありました。

しかし、当時の指揮官マイク・ソーシア監督が、8番指名打者で大谷選手を開幕スタメン（3月29日、ビジターでのオークランド・アスレチックス戦）に並べると、彼は初球を迷わず振ってライト前に運びます。

そして4月1日の同カードで先発投手に抜擢《ばつてき》されると、6回を3安打6奪三振1四球で3失点。クオリティスタートで試合をまとめ、今度はメジャー初登板初勝利を挙げます。

さらにその2日後、本拠地に戻ってのクリーブランド・インディアンス戦では、メジャー初アーチも放ちます。ジョシュ・トムスン投手の膝元《ひざもと》に入った変化球をうまくすくって右翼席へ3ラン。

アメリカのスポーツ局「FOX《フォックス》スポーツ・ウエスト」の名物実況、ビクター・ロハス氏が思わず叫び、そしてその後に代名詞的セリフとなる「ビッグ・フライ、オオタニサン」もこの時から始まっています。

そして皆さんの脳裏にも幸せな記憶として残っている「サイレント・トリートメント」が行なわれました。初アーチの後、ベンチに戻る彼を、あえてチームは歓迎せずに無視するメジャー流の振る舞いですね。ヒーローインタビューでもコール・カルフーン選手にウ

２０１８年４月１日、先発投手でメジャー初登板初勝利（上）。４月３日には初本塁打。試合後のヒーローインタビュー中に大量の水を浴びせられ、ずぶ濡れになった。女性はＦＯＸスポーツ・ウエストのリポーター、アレックス・カリーさん（左／ＡＦＰ＝時事）

ォータークーラーの水を盛大に浴《あ》びせられていましたが、こうした一連の儀式だけで、もうすでに大谷選手が受け入れられていることが手に取るように分かります。

それに応《こた》える形で大谷選手は3戦連発でアーチをかけ、全米に「オオタニショウヘイ」の名前は響き、チームに不可欠な存在になっていきます。

新人王獲得――メジャーでのルーキーイヤーを総括

大谷翔平選手のメジャー1年目は、まず打者として104試合で打席に入り、打率が・285、22本塁打、61打点、10盗塁、出塁率は・361でした。22本塁打という数字自体が素晴らしいものですが、ヤンキースのルイス・セベリーノ、アストロズのジャスティン・バーランダーといった球界屈指の投手からアーチを放つあたりが彼の能力の高さでしょう。

次に投手としては、10試合でマウンドに立ち、51回と2/3を投げ4勝2敗、防御率3・31という結果でした。MLB（メジャーリーグベースボール）公式サイトは大谷投手のピッチングに対し「99マイル（159km/h）の4《フォー》シーム（直球）とアンフェアなスプリット」といった賛辞を贈るなど、投手としてのポテンシャルの高さを認めています。故障と手術についてはあとで詳しく説明しますが、同じシーズンで2ケタ本塁打を放ち、投手としての複数勝利を挙げたのは1921年のベーブ・ルース（59本塁打、2勝）以来、97年ぶり史上4人目の快挙らしいですね。

ルーキーイヤーとしては文句ない成績を残したのではないでしょうか。

日本では「Rookie《ルーキー》 of《オブ》 the《ジ》 Year《イヤー》 Award《アワード》（新人王）」の行方が大きな話題になっていました。

実は私は、新人王に関しては「大谷選手に獲ってほしいけれど、実際はアンドゥーハ選手だろうな」と思っていました。

ヤンキースのミゲル・アンドゥーハ選手は、レギュラーシーズンの149試合606打席で打率・297、27本塁打、92打点を残しています。

対して〝打者大谷〟は、前述したように104試合で367打席、打率・285、22本塁打、61打点です。

単純に比較するとアンドゥーハ選手のほうが上回っています。大谷選手は規定打席に達してないのもマイナスかもしれません。

ただ彼の場合、そこに〝投手・大谷〟の10試合で4勝2敗という成績が加算されます。それがどこまでプラスに働くのか。それも前例のない比較なので難しいところでした。

新人王の投票権は、BBWAA（The《ザ》 Baseball《ベースボール》 Writers'《ライターズ》 Association《アソシエーション》 of《オブ》 America《アメリカ》／全米野球記者協会）の記者が持っています。彼らはみんな野球に詳しいスペシャリストなのですが、アメリカのスポーツ界は全般的にどうしてもデータ信仰が強い傾向にあります。

私が「アンドゥーハ選手が新人王を獲るだろう」と考えていた根拠は、まさにそこなのですが、意外なことに投票権を持つ記者の中にも、シーズン中から「ベーブ・ルース以来の二刀流は夢がある」などと書いたり、「オオタニのインパクトは野球に新しいものをもたらした」と自身のSNSで絶賛したりする人もいました。

少し大袈裟《おおげさ》な言い方をすれば、これまで野球を数字で合理的に捉《とら》えていた記者の価値観を覆《くつがえ》すほど、大谷選手の二刀流は賞賛と期待を集めたという証明なのです。

名将の変化と、同僚の気遣《きづか》い

それと似た理由で印象的だったのは、マイク・ソーシア監督の立ち回りでした。経験の長い合理的な考えを持った指揮官である彼は例年、春のキャンプではチーム編成に余裕を持たせつつも「空《あ》いているスポット（ポジション）はここところで、数選手で争うか、併用することになる」などとメディアに明言するのですが、このシーズンに限ってはそれもなかった。空いているポジションが少なかったのです。

ＭＬＢのウェブサイト「MLB.com」には、選手層や予想スタメンを表わす「デプス・チャート」が載《の》っています。開幕前、ルーキーである大谷選手は、ＤＨ（Designated《デジネイテッド》 Hitter《ヒッター》／指名打者）の二番手、主砲のアルバート・プホルス選手の次という序列で、まずはベンチスタートかというのが大方の予想でした。

しかし、ソーシア監督は内野の布陣を変えてきました。デトロイトから獲得したセカンドのイアン・キンズラー選手の怪我《けが》の影響もあり、サードのザック・コザート選手はセカンドに、プホルス選手を一塁に置き、ファーストを守ることが予想されていたルイス・バルブエナ選手をサード、という内野陣を敷《し》きました。大谷選手をDHで使うためかどうかは定かではありませんが、かなり流動的なスタメンです。

確かに大谷選手は、DHはもちろん、外野も守れるし、代打も代走でも質の高いプレーができるユーティリティプレーヤーです。しかもブルペンにも入れるというオールマイティのカードでもあります。

近年の野球は、試合展開によってはブルペンの投手を使いすぎることがままあります。日本やナショナル・リーグでは、特に投手に代打を送り、ブルペンから控えの投手が出てくる、の繰り返しです。でもチームに大谷選手がいれば、ワンポイントで打席に立たせ、そのままマウンドにも送ることができます。逆のケースも可能です。この使い方は、かなり理に適《かな》っているのではないでしょうか。エンゼルスはアメリカン・リーグではありますが、やはり名将も、大谷選手という誰も使ったことのない武器を手にして血が騒いだのかもしれません。

そして、私が個人的に最も記憶に残ったのは、フィールドやベンチでトラウト選手と並んだ大谷選手の姿でした。

トラウト選手についてはご存じの方も多いでしょう。エンゼルス生え抜《はぬ》きのスターです。19歳でメジャーデビューを果たし、2012年に新人王、2014年と2016年にリーグMVPを獲得しています。また、2014年と2015年に連続で球宴MVPに輝くという史上初の快挙も達成した、28歳にしてメジャー最高の外野手の一人です。

2019年の春には、12年総額4億3000万ドル（約480億円）というMLB史上最高額となる契約を改めて締結しました。2020年までに結んでいた6年総額1億4450万ドル（約160億円）に10年延長した格好です。その契約書にサインする様子はエンゼルスの球団の歴史に残る映像として、今もエンゼル・スタジアムで頻繁《ひんぱん》に流されていたりもします。

ただ、このあたりの金額や契約に関しては、本人はそこまでこだわりはないかもしれません。彼はとにかく野球が好きで、ずっと楽しそうにプレーしている野球小僧ですね。まだ若く、感情が豊かなのですが、トラウト選手のいいところは思い通りのプレーができなかった時でもすぐに切り替えて平常心に戻り、笑顔でプレーできることです。どんな状況でも野球を楽しめるメンタルは、間違いなくスーパースターの資質でしょう。

一方で、野球しかできない野球オタクでは決してなく、ゴルフや釣りなど多くの趣味を持つという側面もあります。コアなファンなら、エンゼル・スタジアムで、試合前のウォーミングアップにフットボールを投げている姿を見たこともあるかもしれません。

さらに天真爛漫《てんしんらんまん》で野球が大好きというキャラクターに加え、細《こま》かな気遣いをするナイスガイでもあります。

キャンプ中に、日本のテレビの仕事で彼にインタビューする機会があったのですが、その前にアメリカの大手ネットワークのインタビューが入っていました。普通はそちらを優先させるところですが、トラウト選手は「シギが来てくれているのか。(エンゼルスの) OBである彼を待たせるのは失礼だから、そっちから先に受けるよ」と言ってくれたのは嬉しかったですね。

大谷選手もプレーが大好きな日本を代表する野球小僧なので、来季以降もこの日米を代表する野球小僧がハイファイブ (high-five／いわゆる「ハイタッチ」のことですが、これは和製英語です) する姿などを見たいものです。

意外と知らない故障者リストの基礎知識

初アーチ、初勝利など、喜ばしいニュースばかりではなかったのが大谷選手のルーキーイヤーです。６月には右肘内側側副靭帯《みぎひじないそくそくふくじんたい》の損傷で故障者リスト入りも経験しました。

まず、この故障者リスト。メジャーでは簡略化して「ＤＬ」と呼びますが、日本のプロ野球にはない制度なので、簡単に説明したいと思います。

英語では「Disabled List《ディスエイブルド　リスト》」で、直訳すると「できなくなったリスト」、つまりこれに載《の》った選手はプレーできません（２０１９年シーズンから「ＩＬ」＝Injured List に変更）。

期間は10日間と60日間、あとは脳震盪《のうしんとう》を起こした選手のみが入る7日間があります。

私が現役の頃は、脳震盪以外は最短で15日間だったのですが、２０１６年オフに労使協定が更新された関係で最短10日間に短縮されました。

一概には言えませんが、10日間の場合は「とりあえず（患部に）張りがあるから検査しよう」という程度の様子見や軽い炎症などの場合が多く、60日間の場合は骨折だとか筋断裂といった大怪我の場合に適用されます。

幸い、大谷選手は10日間のリスト入りでした。ただ、最初の10日間でプレーできる状態に戻れなければ、また10日、さらに10日と、10日単位で延ばすことも可能で、大谷選手は結局、1カ月ほど戦列を離れました。

その間、チームは各球団の選手登録40人の中から、ベンチ入り25選手以外の選手を補充することになります。余談ですが、例えばＤＬに載った選手が回復して復帰もしくは調整のためにマイナーで出場しても、それはマイナー落ちではなく、メジャーリーガーとしてマイナー出場という扱いになります。それぞれの選手の契約形態のまま治療やリハビリに専念でき、復帰もスムーズに行なえる。そうと考えると分かりやすいでしょうか。

大谷選手のケースを例に、実際にＤＬに入る流れを追っていきましょう。

大谷選手の故障は、球団発表によれば「SPRAIN《スプレイン》」(捻挫《ねんざ》)でした。

まず、違和感を覚えたり痛みを感じたりした選手がトレーナーに相談します。どの程度のものなのかは、本人にしか分からないので、これはしっかりとしたヒアリングが行なわれます。トレーナーからの報告が監督の耳に入り、場合によっては監督が「どうなんだ?」と選手に直接、確認します。

並行《へいこう》して広報やＰＲ担当がメディアに通達します。医師の診断が必要な場合は、公認の医師の診察を受けることもあります。

この公認のドクターは、チームごとに存在します。その多くは、野球だけではなく、バスケットボールやフットボールのチームを兼ねて担当していたりします。

また、診察結果を踏まえて大怪我や深刻な故障の場合、セカンドオピニオンを聞きに行くのもメジャーでは珍しくありません。もっとも、手術すべきか否かを相談するような、どの球団も信頼する名医となると、全米でも片手で数えられるほどしかいませんが。

日本で名前を知られている方だと、フランク・ジョーブさんやルイス・ヨーカムさんがいらっしゃいますね。残念ながらお二人とも亡くなってしまいましたが、トミー・ジョン手術の権威として知られていました。

メジャー流の〝忖度《そんたく》〟

チームのリアクションとしては、ＤＬに名前が載ると、チームメイトから「お大事に。早く戻ってこいよ」みたいな声がかかると思うかもしれませんが、意外と何もありません。チームから離れるのは本人が一番つらいだろうし、そのあたりはそっとしておいてくれますね。また、戻ってきた時は「お帰り、また頑張ろう」と、割とあっさりした感じです。

というのも、野球選手はチームに属しているとはいえ、それぞれ個人事業主のような部分もあって、ＤＬに入るかどうかはデリケートな問題になるからです。

例えば、ある野手が膝《ひざ》に問題を抱えているとします。その選手は契約の最終年で、シーズン終わりに、また来季の契約あるいは移籍で自分を高く売る必要がある。それなのにＤＬに名前が載れば、やはり金額的にいい数字に結びつかないですよね。ＤＬ入りを理由に金額を下げられることすらあります。

だから逆に言えば、無理してでも痛くないふりをしてプレーしている選手もいます。私も、誰とは言いませんが、現役時代に「あいつ絶対、肩が痛いけど、我慢してプレーしてるな」と気づいた選手はいました。けれど、選手間では決して口に出さないものでした。それはお互いの思いやりでメジャーリーガー同士の暗黙の了解だったりもします。

リハビリではボールに触ることさえできない

大谷選手に話を戻します。

２０１８年６月の時点で、投手としての復帰は「検査次第」でしたが、当時、ブルペンに入って投げることは、実は可能な状態だったかもしれません。

私にも経験がありますが、肩や肘《ひじ》の張りや違和感は、ある程度のピッチャーになると、ほぼ全員が持っているものです。それを治療するのか、あるいは周辺の筋肉を強化しながらシーズンを送るかは、どの投手にとっても大きな決断であると同時に永遠の課題です。

だから大谷選手がＤＬ入りしつつ、投手として１００マイル（約１６１㎞／ｈ）は出なくても90マイル（約１４５㎞／ｈ）は出せて、場合によってはそれでうまく抑えてしまう可能性もあります。

しかし、その選択肢こそエンゼルスとして絶対にとりたくなかったので、大谷選手をＤＬに載せたのだと思います。２０１８年シーズンはまだ戦力も探りつつ戦っていましたし、トラウト選手や大谷選手ら若い選手を擁して、来季以降も十分、勝負になる。プレーオフならちょっと話が変わってくるかもしれませんが、シーズン序盤では「１００％問題ない」と診断されない限り投げさせません。

このあたりの検査から治療、リハビリの過程はメジャー流というか、徹底しています。まず投手に対しては絶対にボールに触らせてくれません。

少し前まで日本のプロ野球では、「ちょっとブルペンで投げて様子を見よう」みたいな経過観察はあったかもしれませんが、メジャーでは、それはありえないことです。

最初に綿密な検査をして、身体を動かすとしてもトレーナーの指示のもとで患部に影響のない部分の筋肉を動かすとか、適度なランニングくらい。かなり厳しい管理下のトレーニングが課されます。

そうなると、言ってしまえば暇ですよね。

私も一度だけDL入りしたことがありましたが、正直、その時間が怖かったです。当時は15日間、野球ができないわけで、改めて「ああ、俺って野球選手なんやな。野球やってないと、こんなに時間が余るんや」と気づかされて、どうしても「投げられなくなったら、もう野球できなくなったら、どないしよ」という思考に偏《かたよ》っていく。

幸い、私はその頃から自己啓発の書籍を読んだり、株や投資の勉強を始めたりしていた

 こともあって、なんとかポジティブに乗り切りました。今思うと、自分と自身の将来を考えるいい機会でした。

大谷選手がDL入りしていた間に何を感じたかは分かりませんが、その思考も感情も経験と捉え、暇となった時間をメンタルトレーニング期間と考えていたとしたら、野球選手としても一人のビジネスマンとしても有意義に過ごせたのではないでしょうか。機会があればDL入りしていた時に何を考えていたか質問してみたいと思います。

トミー・ジョン手術後の経過

大谷選手のメジャー生活を振り返ると、まさに波乱万丈なのだなと改めて思い知らされます。

2018年9月、球団によるMRI検査で右肘靭帯《じんたい》に新たな損傷が見つかり、シーズン最終戦翌日に、ニール・エラトロッシュ医師の執刀で右肘内側側副靭帯の再建手術、いわゆるトミー・ジョン手術を受けました。

このエラトロッシュ医師は、フットボールやバスケットボールなどのチームドクターでもあり、米西海岸の権威の一人です。夏には元エンゼルスで、現在はサンディエゴ・パドレス所属のギャレット・リチャーズ投手の同手術も執刀しています。

一般的にトミー・ジョンからの術後復帰は、個人差はあると思いますが、リハビリに約15カ月かかると言われています。日本人投手で言えば、ダルビッシュ有《ゆう》投手がレンジャース時代の2015年3月に手術を受け、復帰したのが翌2016年の5月ですから、彼の場合は14カ月でした。

ただ、これはあくまで投手としての期間です。二刀流の大谷選手は「早ければ来季（2019年シーズン）、開幕に指名打者として復帰できる」といった意見がありました。

確かに靭帯の損傷が判明した後も、打席に立って何本ものアーチをかけ、「ホームランに靭帯は必要なかった」と現場を盛り上げた彼の打撃はチームに不可欠です。

しかし、2018年シーズンのエンゼルスは80勝82敗で、西地区4位に沈みました。メジャーのチーム運営は、とても合理的です。優勝が厳しくなると来季のことや収支がプライオリティを持ちます。

負けているチームは、具体的には選手を次々と放出していきます。

そのチームの方針やスタイルについて、選手を売って（放出して）資金を蓄《たくわ》えるチームを文字通り「セル」（Sell）、積極的に買って補強するチームを「バイ」（Buy）などと表現しますが、プレーオフ進出が厳しくなった夏以降、エンゼルスはマーティン・マルドナド捕手をヒューストン（アストロズ）へ、イアン・キンズラー内野手をボストン（レッドソックス）へ、それぞれプレーオフ進出チームに送り出し、代わりに3人の若い投手を獲得しました。苦しい台所事情が続くディフェンスの補強が明確です。

エンゼルスが勝負のシーズンを迎えるためには、何と言ってもローテーションを守れるスターターを最低でも2枚、できれば3枚、確立させないといけません。同時にブルペンをどう強化するかも焦点のひとつです。

そこではやはり、大谷選手の使われ方もポイントになってきます。

メジャーのロースター（登録選手）25人枠は、2020年から26人に拡大されることになりました。MLBとMLBPA（メジャーリーグ選手会）が協議の結果、合意した新ルールです。

各チームは選手を投手か野手で登録し、基本的にはシーズン中にその登録を変更することが不可能となります。投手を休ませるためのワンポイント起用などを規制する狙いもありますが、それに合わせる形で、新たに「Two-Way Player《ツーウェイプレーヤー》」（二刀流選手）が定義されました。

投手としてメジャーで20イニング以上、野手として1試合あたり3打席以上のゲームを20試合先発。この条件をクリアすれば、「Two-Way Player」として投手、野手どちらのポジションでも出場できるのです。

メジャー30球団で「Two-Way Player」に挑戦している、あるいは今後するであろう選手は数人存在しますが、もっとも近いのが大谷選手です。すでに複数の米メディアは、この新ルールを「The Shohei Rule《ザショウヘイルール》」（翔平ルール）と呼んでいます。

だからこそ、15カ月の休養を余儀なくされても、大谷選手の手術は必要だった。そして二刀流が復帰した時に、改めてエンゼルスは勝負をかけるのかもしれません。

帰ってきた〝打者・大谷〟

２０１８年秋のトミー・ジョン手術から7カ月、２０１９年5月7日に大谷選手は打者として復帰します。

トミー・ジョン手術を受けた選手で、投手への復帰を目指しながら打者としてのリハビリの経過を記録したデータはほとんどないはずです。したがって、この時期にバッターボックスに戻るのが早いのかどうかは誰にも分かりません。やはり彼は前例のない、規格外で唯一無二《ゆいいつむに》の選手ということでしょう。

しかし、そのデータのない状態をものともせず、5月を月間打率・250で消化すると、続く6月は出場27試合で94打数32安打を放ち、打率は3割4分。9本塁打で22打点という、それぞれ月間の自身キャリアハイを記録し、サイクルヒットまで達成しました。MLBが選出する月間ベストナインにも指名打者として選ばれています。ちょっとこれは驚異的な数字ですね。2年目のジンクスなどどこ吹く風。毎打席、エンゼル・スタジアムではスタンディングオベーションだったと聞きます。

同時に、私はある変化を感じました。日米の温度差と言い換えてもいいかもしれません。

この時期、私は日米を行き来していましたが、日本では連日、大谷選手の活躍が大々的に報じられています。

しかし、アメリカではそこまで報道の量は多くない。打者復帰の際には「7カ月ぶりのヒット」などとウェルカムバックの記事はありましたし、もちろんサイクルヒットもニュースになりました。

それでも、量という意味では日本のメディアのほうが圧倒的に多かったのです。こちら（アメリカ）では、何か特筆すべき活躍や話題があった時に記事が出るといった、極めて普通のペースです。また、昨年の同じ時期には二刀流選手として活躍していたので、街で知人に会えば「ショウヘイは本物だよ」とか「将来的には10勝で20本だ」とか、みんな声をかけてくれましたし、二刀流選手としての報道もかなり目にしました。

それが今季、だいぶ減った印象です。これは日本のメディアの過熱ぶりという側面もありますが、ある意味では大谷選手がこちらに馴染《なじ》んだというひとつの目安で、私はポジティブに捉えています。

例えば、名実共にチームの看板選手であるマイク・トラウト選手が前日のゲームでホームランを打ったとします。もちろんその活躍は素晴らしいのですが、アナハイムの住人やエンゼルスファンにとってはそこまで特別なことではありません。嬉しいことではありますが、言ってしまえば日常の一部です。一夜明けると、「昨日、トラウト打ったね」「そうだね。今年も好調だね」くらいの、挨拶《あいさつ》程度の会話のチップ（tip／とっかかり）として扱われることも少なくありません。

昨季の大谷選手の活躍は、日本から来たルーキーで、しかも二刀流という特別なトピックでした。しかし今季は、まだ打者だけの出場ということもありますが、大谷選手のアーチもそこまで珍しいものではなくなっているのです。「お、ショウヘイがまた打ったのか。よしよし」と、いい意味でトーンダウンしている印象ですね。つまり、こちらのファンに打者としてはかなり認められてきたということです。

私なら大谷選手をどう抑えるか

そして今季、彼のバッティングは進化しています。

例えばルーキーイヤーに放った22本のホームランは、ライトに８本、センターへ９本、レフトが５本という内訳でした。バッティングフォームを見ても、力と回転でライト方向に持って行こうという姿勢が明らかに見て取れました。もっともこれは、左のスラッガーとして当然のことですが。

しかし今季はレフトへ強い打球を多く飛ばしています。こちらで実況を聞いていても「Opposite way《オポジット ウェイ》」「Other field《アザー フィールド》」といったフレーズが頻繁に聞こえてきますが、これは日本でいう「逆方向への打球」です。

2019年シーズンの16本の半分以上は、センターからレフト方向への飛球です。スウィングスピードやパワーも素晴らしいですが、アウトサイドの球をうまく叩《たた》いたり拾ったりしているのが効果的ですね。こうしたバッティングをしていると、相手投手はそれを防ぐためにインサイドを攻めるケースも出てきます。すると、そのボールを引っ張ればライト方向に運べるので、本塁打が量産できるのではないでしょうか。

また先日、インタビューを受けた際に「打者・大谷翔平をどう抑えるか」という非常に難しい質問を受け、苦笑《にがわら》いするしかなかった記憶があります。

パワーピッチャーにバットを合わせて強い打球を飛ばすのは得意でしょうし、変化球の対応も特に苦にしている様子もありません。

おのずと、ストライクゾーンの内外を行き来するようなボールを選択することになります。特に、外に逃げるチェンジアップやシンカーのような球種は有効でしょうから、そこでなんとかカウントを整える。あるいはミスショットを期待するほかないのかな、というイメージで精一杯ですね。

イニングやスコアにもよりますが、変に攻めてスタンドに運ばれるくらいだったらシングルはOK。そういう前提の勝負になるかもしれません。彼はもうそれだけのスラッガーになっています。

投手・大谷の復帰時期とピッチングプラン

２０１９年シーズンから指揮を執《と》るブラッド・オースマス監督は、大谷選手の投手復帰を「早くても２０２０年開幕」と明言していますし、それについては誰もが納得しているところでしょう。

その方針に守られるように、大谷選手はキャッチボールから遠投、ブルペンで捕手を立たせての投球、座らせての投球と、報道通りであれば順調にリハビリを経過していると思われます。

報道されないだけで、打者復帰の時と同じく、シミュレーションゲームとして若手や準レギュラークラスをバッターボックスに立たせてのピッチングをする可能性もあったかもしれませんが、いずれにしても焦《あせ》りは禁物です。

ただ、来春に投手としてマウンドに戻るのであれば、キャンプ前にアリゾナ・フォールリーグに参加するのはいいかもしれません。

これは、10月に開幕するウィンターリーグの一環で、若手の育成やトライアウトなどのためのリーグです。試合に満足に出場できなかった選手の試合勘を持続させたり、リハビリに使われたりすることもあります。ＭＬＢが運営しているリーグですので、球団と離れずに実戦経験を積むのにはいい舞台だと思います。

11月には続いて、メキシコやドミニカなどの中南米の国でウィンターリーグが開幕しますが、距離的にも運営的にもチームから離れてしまうので大谷選手の場合は避けたほうがいいでしょう。

アリゾナ・フォールリーグを挟《はさ》んでからオフに入ると、メンタル的にも来季に対して上向きでオフ明けのキャンプに臨《のぞ》むことができます。これは大きなアドバンテージですね。

本来、手術明けや故障明けの先発投手の復帰の道筋としては、投げられるようになってから実戦感覚を取り戻すために、まずマイナーの試合に登板します。そこで2～3週間かけて、１イニング、２イニング、３イニング、５イニングと徐々に負荷を上げる調整法で復帰への階段を上がっていくのですが、大谷選手は打者として貴重な戦力ですし、２０２０年シーズンに開幕に帯同させるなら、マイナーに行っている時間はありません。

キャンプ中に実戦を多く盛り込むのか。

オープン戦までにどこまで活《い》きた球が戻ってくるのか。

あるいは開幕ローテーションに入らなくても、焦らずに調整を続けるのも悪い選択肢でないように思えます。

個人的には、どんな試合展開でも先発ならイニングは4回か5回、球数は70～80球まで。投げた翌日は完全休養にして、2～3試合打者として出場――といった、中4日の省エネローテーションを組みながら打線に組み込むのが理想かなと思っています。進化した二刀流選手としてどんなパフォーマンスを見せてくれるのでしょうか。

02

第2章

侍《サムライ》メジャーリーガー列伝

野茂英雄氏がメジャーリーガーとしてデビューしたのが1995年。それから25年間で多くの日本人選手が海を渡り、メジャーでプレーした選手は通算50人を超えた。海を渡った個性的な侍メジャーリーガーたちの記憶に残る活躍と、その素顔を明かす平成のメジャーリーガー史。

野茂英雄——日本人最多の123勝を挙げたパイオニア

私の中でまず身近なメジャーリーガーといえば、やっぱり野茂英雄氏です。同じ関西出身の同学年ですし、プロ入り前からの知り合いでした。プロ入り後もパリーグで、私はオリックス・ブルーウェーブ、彼は近鉄バファローズと関西の球団同士ということもあり、何かと情報交換したり、意識し合う存在でした。

彼がメジャーに移籍したのは1995年でしたが、国内FA（フリーエージェント）でさえ導入されたのが1993年のオフですから、当時は日本の選手がメジャーへ挑戦するルールなど存在せず、比喩《ひゆ》でも何でもなく「メジャーのマウンドに立ちたい」と言えば「アホちゃうか」と返された時代です。

それでも野茂氏は、代理人の団野村《だんのむら》氏をブレーンにつけ、任意引退という形で近鉄から出て、入団テストを受けロサンゼルス・ドジャースの一員となっています。任意引退という当時の制度の盲点を突いたやり方については賛否両論ありますし、私としても評価や表現が難しいところです。

ＮＰＢ（日本野球機構）とメジャーリーグ機構は、日米間の移籍について１９６７年に『日米選手契約に関する協定』というものを明文化しています。いわゆる紳士協定ですね。簡単に言うと、日本の球団はメジャーに所属している選手、あるいは引退後の選手に関しても、メジャー球団やメジャーリーグ機構の承認がないと契約交渉できないとの内容です。

同様に日本のチームに所属している現役選手には、メジャー球団は日本の球団の承認なしに手を出せません。ところが、現役を引退した選手に対しては協定に記述がなかった。そこを団野村氏は狙ったのでしょうが、誤解を恐れずに言えば「なるほどな」と思う部分はあります。

前述したように、当時は日本人がメジャーで活躍するなんていう発想はまるでなかったですし、ましてやメジャー球団が日本人選手に触手を伸ばすという事態は、まだ誰も想定していませんでした。

もちろん、野茂氏のドジャース入りに対して、「球団に受けた恩を忘れたか」とか「スタンドプレーだ」といった批判もありました。そんな声が挙がるのも分かりますし、もう少しスムーズに出発できなかったのかな、と思う部分もあります。でも、パイオニアというのはどの世界でもそういうものかもしれません。投手の肩や肘の賞味期限は長いわけではありません。正しい制度ができるのを待つことはできなかったのです。

逆風をものともせず「メジャーで投げたい」という意思を貫《つらぬ》く野茂氏の姿に、私ももちろん刺激を受けました。頑張ってほしいとも思いました。もっと正直に言えば「先を越された！」という気持ちもありました。すでに私もメジャーを目指して自主トレを西海岸で行なったり、本格的な英語の勉強を始めたりしていましたから。

日本人投手対決が実現した日

日本で「ドクターK」と呼ばれていた野茂氏は、メジャー1年目からトルネード投法で236の三振を奪い、13勝をマーク。新人王も獲得し「NOMO」の名前は全米に広がっていきました。

そのあたりのフィーバーは皆さんもご存知でしょうが、ちょうどその頃に私は1年遅れで、金銭トレードでエンゼルスへの移籍を決めます。野茂氏の経緯を見続け、その道を選んだことによって巻き起こる議論も少しは理解できていたので、日本球界とケンカ別れせず、球団にもお金が入り、後輩たちの参考になり、ファンにも応援してもらえるような着地ができたのかな、とある程度、納得した移籍でもありました。野茂氏のケースが、良くも悪くも参考になったのは確かです。

半面、野茂氏も私も「こっちで結果を出さなければ」という危機感は今の選手より大きかったと思います。メジャー行きの道を地ならしするのも大変でしたが、当時は戻る道なんてありませんでしたから。

そんな中、アメリカに到着したらすぐ野茂氏から電話をもらったのです。

「とにかく低めに集めれば通用する」

と、言ってくれたのを覚えています。

忘れられないのは史上初となった日本人投手の投げ合いです。

1997年6月18日、ドジャー・スタジアムでのドジャース対エンゼルス。野茂氏の先発試合で、私がエンゼルスの二番手として登板したのです。前日に記者の方から「日本人投手対決が実現すれば史上初」と聞かされていたので、「そうなんですね。じゃあ、出番があればいいですね。記事にもなるし」と軽く返していたのですが、6回裏にしっかり出番が回ってきました。希望や願望を現実化するには、イメージしたものを口にするのは大切なことなのです。

強打のドジャース打線相手でしたので、丁寧に投げて抑えました。しかし、それよりも日本のプロ野球時代から「メジャーのマウンドに立ってみたいな」と話していた野茂氏と、こんなに早く同じゲームで同じマウンドに立つことになるとは。その事実で胸が熱くなった思いのほうが強かった。感無量でした。その前の週に私はヤンキースからメジャー初勝利を挙げているのですが、それと同様に嬉しかった覚えがあります。

彼とは引退後も交流を続けています。自身が理事に就《つ》いている「ＮＯＭＯベースボールクラブ」が運営する日米親善ジュニア野球で、彼の率《ひき》いる日本代表チームと私が指揮するアメリカ代表の親善試合をしたのはいい思い出ですし、機会があればまたそういう取り組みにも挑戦したいと思っています。

引退してから彼に接していると「ああ、この人は本当に野球が好きなんだな」とも思います。どうしたら球界がもっと良くなるか。特に育成年代の球児の可能性をどう引き出すかを真摯に考え、行動する姿は、とにかく真《ま》っ直《す》ぐで、現役時代とそんなに変わらないかもしれません。

黒田博樹《くろだひろき》――単年契約でメジャーのローテを守った侍

朴訥《ぼくとつ》なキャラクター、揺るがない信念という意味で、私が勝手に野茂氏に通ずるものがあると感じていたのは黒田博樹氏です。

彼と初めてしっかり話をしたのは、２００８年にメジャーに来る直前くらいだったでしょうか。マネジメント事務所が同じという関係でいろいろアドバイスする機会があって、何度か食事に行ったりもしました。

そんなに自分からしゃべるタイプではないけれど、ニヒルに笑う。面白くて、意外とコテコテの関西人ですね。引退後にテレビの解説などで同席しても変わらず接してくれます。後輩としても友人としても貴重な存在です。寡黙《かもく》で朴訥という印象は最初から一貫して変わらないし、野球関係の私の人脈でもトップクラスのナイスガイかもしれないです。

彼は、しっかり自分の言葉を持っています。実は、これはメジャーでやっていくためには意外と大事なのです。会見で「刑務所に行くような気持ちで頑張ります」とコメントしていたので、その直後に「アメリカはそんな怖いところちゃうで」と、本人も交《まじ》えて笑い合った記憶がありますが、彼は自分なりにメジャーでの覚悟を言葉にしたのでしょう。

黒田氏の「自分の言葉」は率直な心情の吐露《とろ》でもあると思います。

メジャーデビュー後は、会うたびに「しんどい」と言っていました。また、メジャー最後のシーズンにも何度かインタビューしたのですが「いまだに自分の投球は、まだまだだと思っていますよ」とも語っていましたし、最終的には「そろそろ（引退して）サンタモニカあたりでゆっくりしたいです」なんて笑っていました。

もちろん半分冗談なのでしょうが、残りの半分は謙遜《けんそん》でも照れ隠しでも何でもなく、本当に毎日、全身全霊で野球に取り組んでいるから出てくる言葉だと私は解釈しています。

投手の二つのタイプ

その姿勢の表われとして、彼はアメリカに来てからずっと短い期間の契約を重ねています。2007年12月のメジャー移籍時こそドジャースと3年契約を交わしましたが、あれは実は球団側が提示した4年契約に対して、黒田氏本人が3年契約を直訴《じきそ》して1年減らしてもらっているのです。その3年契約が満了してから、また改めてドジャースと1年の再契約を結んでいます。

ドジャースからヤンキースへ移籍し、契約を結んだのは2012年1月ですが、その時も1年契約でした。そしてその後の3シーズンもすべて単年契約です。彼は身体が強くて、大きな怪我はほとんどしたこともありませんし、あれだけの実績があれば、例えば「4年総額8000万ドル」とか、そのレベルの大型契約だって結べるはずです。球団もそうしたかったはずです。

でもそこが、黒田氏が律儀《りちぎ》というか真面目《まじめ》というか、彼の本質ですよね。複数年契約を結んで、最初のシーズンの春に怪我でもしたらチームに迷惑をかけてしまう。

本気でそう思っているでしょうし、きっと彼はシーズンが終わった時に、改めて自分の中に次のシーズンに対してのモチベーションを探していたのだと思います。

私が考えるには、ピッチャーには二つのタイプあります〝短距離思考型〟と〝長距離思考型〟です。

黒田氏は、どちらかと言えば短距離思考型です。マラソン大会で「次の電柱まで頑張って走ろう。あとのことはその時に考えよう」と思いながら脚を動かした経験はありませんか？　基本的にはそれと同じで、短いスパンで全力を出しているうちに大きなゴールに到達するタイプです。

逆に私は長距離思考型です。先にたどり着きたいゴールを決めて、そこから逆算して強化やトレーニングを組むのが得意な、長いスパンで走るタイプでした。

どちらがいい悪いではなく、どちらもプロなのですが、そのアプローチの差は興味深いですね。

黒田氏に話を戻すと、「怪我のことは考えずにまずは目の前の1年、全力で投げよう」という姿勢を貫きました。複数年契約を結べば、どこか頭の片隅で「3年契約したのだから、怪我せんように3年間、頑張ろう」と思ってしまうのが人間ですよね。そうすると優先順位としては「いいプレーをしよう」より「怪我せんように」が上に来てしまうかもしれない。彼にとってはそれも嫌なのでしょう。いずれにしても、やっぱり真面目で律儀なナイスガイですよ。

「男気《おとこぎ》」はアメリカ人に通じにくい？

そんなキャラクターもあって、もちろんアメリカでも愛されていました。ヤンキースのデレク・ジーターは「クロダのプロとしての姿勢は心からリスペクトする」というコメントを残していましたが、同僚からもファンからも、とにかく頼りにされていましたね。

ロサンゼルス（ドジャース／２００８～２０１１年の４シーズンで41勝）でも、ニューヨーク（ヤンキース／２０１２～２０１４年の３シーズンで38勝）でも、大きな怪我はほとんどなく結果を出しています。日本人ピッチャーで、複数シーズンにわたりこれだけしっかりローテーションを守り続け、安定した成績を残したのは彼と野茂氏くらいでしょう。

こちらでは勝ち星も当然、注目されますが、それと同等にスターターは試合数とイニング数をどれだけ稼げるか、あとは何よりもQSの数が重要視されます。QSとは日本でも最近は使われるようになりましたが、「Quality《クオリティ》 Start《スタート》」の略語で、先発投手が6イニング以上投げて自責点を3点以内に抑えた際につく記録です。

黒田投手の強みは、あまり調子が良くなくても、どの試合も常に70〜80%のパフォーマンスできちんとゲームを作れるところです。メジャー通算7シーズンで、平均的にしっかりQSを達成していました。

また、QSを達成しても打線の援護がなく負けがついてしまうことを、メジャーでは「タフ・ロス」(tough loss)などと呼ぶのですが、特にヤンキース時代の黒田投手はこれが多かった。だから思うように勝ち星を伸ばせなくても、球団フロントや現場首脳陣、ファンはそれを知っていて、みんな「クロダが投げれば、常にゲームを作れる」と信頼していたわけです。

だからこそ、2014年オフの日本球界復帰の決断は難しいものだったでしょう。周《まわ》りの期待や応援に応《こた》えようとする男だからこそ、相当、悩んだと思います。前述した単年契約の話も同様ですが、自分で下した決断に間違いがないように、全力で取り組む。それらを総合して「男気」という言葉が「黒田博樹」の代名詞になっているようですが、彼の姿勢や人柄をよく表わしていると思います。

ただ、その「男気」がアメリカで完全に理解されていたかと言えば、ちょっと分かりません。

日本人はこういう浪速節《なにわぶし》が大好きで、美談として報道され、それは好意的に受け止められますが、アメリカでは不思議がる人も少なくないと思います。「プロなんだから高いお金を出す球団を選ぶのが当然」と思っている人は多いですし、「(日本の球団に戻るなんて)意味が分からん、理解に苦しむ」と感じているファンも中にはいるかもしれません。彼らは、特にヤンキースのファンは「メジャーこそが最高のステージで、ヤンキースこそがそのトップ」という概念を1ミリも疑ってないのです。

その証拠に、広島カープに復帰するかどうか揺れていた当時、アメリカでは「来季、クロダはどこで投げるのか」という記事がいくつもありましたが、「パドレスが1800万ドル」「レンジャースも興味」などというものはあっても、「日本のヒロシマカープが4億」という情報はあまり表に出ませんでした。報道側は、もちろんニュースソースからその情報は持っていましたが、「クロダがそんな決断をするはずがない」と決めつけていたわけです。

すごく合理的で、サラリーやギャランティの額が大きな判断基準のひとつとして揺るがず、そこには「古巣」や「情緒」「恩返し」は介在しにくいのです。これは批判でも何でもなく、いかにもアメリカ人の価値観で、黒田氏を通して私はそれを学んだ気がします。

学びという意味で球児や野球少年にぜひ見習ってほしいのは、黒田投手の身体の強さと責任感です。彼は通算200勝以上で「名球会」入りしていますが、それよりも大切なことだと私は思っています。

黒田氏の投手としてのタイプは、三振をビシビシとって、ノーヒットノーランを達成するような派手なものではありません。どちらかと言えば、ゴロアウトを重ねて粛々《しゆくしゆく》と自分の仕事をこなす地味な投手です。

でも、だからこそ、怪我をせずに自分の役割をしっかり担って、それを遂行し続ける選手は貴重で、もっと評価されるべきです。

ローテーションを守ること、イニングを稼ぐこと、怪我をしないこと、チームに貢献すること――そのすべてをまっとうし続けた黒田氏の姿を見て「黒田投手のようになりたい！」と憧《あこが》れる子どもが増えてほしいですし、増えてくれれば、それらの大切さを理解しているということですから、野球もまた面白くなっていくのではないかと思います。

城島健司《じょうじまけんじ》――メジャー唯一の日本人捕手

平成における日本人メジャーリーガーを語るうえで欠かせないのは、道を開拓した野茂氏やイチロー氏でありますが、私にとっては個人的に城島健司氏の挑戦も興味と意義の深いものでした。

私は2005年に引退したので、2006年からシアトル・マリナーズに入団した城島氏とは入れ替わる形でした。

ただ、チームは離れてもテレビや新聞で解説の仕事をしていましたから、現場には頻繁に顔を出していて、情報交換をした記憶があります。

城島氏は日本人初の捕手として、まずは日米のバッテリー差に戸惑いを抱いていたのではないでしょうか。

日本のプロ野球では「リード」という言葉が示すように、ピッチャーの投げる球種や球速、コースなどは基本的にキャッチャーが主導権を握ります。よく若手のピッチャーが「○○さんのミットに目がけて投げるだけでした」などと、殊勝《しゅしょう》なコメントを出していますよね。〝ベテラン捕手のサインに若い投手が首を振ったら、あとで怒られる〟なんてケースも多いと思います。

それが、アメリカでは役割がまったくの逆になります。

ピッチャーがどんなに若かろうと、キャッチャーがどんな経験豊富だろうとも、サインや配球はピッチャー主導です。それは単純な役割分担で、それを侵《おか》してキャッチャーがリードするということはほとんどありません。

例えば、日本から来たルーキーピッチャーが勝負どころで初対戦のスラッガーを迎えた際に、キャッチャーが「このバッターはインサイドが強いぞ。できれば低めに集めたい」というアドバイスをすることはありますが、それくらいです。

日本では比喩としてキャッチャーを「女房」なんて呼びますが、メジャーでは、いわば「アシスタント」です。メジャーのキャッチャーが考えるのは、いかにして相手を抑えるかというより、いかにしてピッチャーに投げたい球を気持ち良く投げてもらうか。そのために、きわどいコースをストライクにしてもらうスキル「フレーミング」の向上。あとはランナーを刺すこと。それに尽きます。

ですから、日本で使う「扇《おうぎ》の要《かなめ》」や「リード」という言葉は、ある意味ではメジャーには存在しません。守備力もそこまで問われません。

その代わり、バッティングが重要視されます。メジャーで名捕手と呼ばれる選手は、ほぼ全員、キャッチャーというよりスラッガーですから。

城島氏の場合、まずはそのバッテリー観を受け入れて、割り切って自分の役割に徹する必要がありました。でも彼は頭の回転が速く、アジャストする能力も高いので、守備率（守備機会でエラーをしなかった率）は常にメジャートップクラスの数字を残しながら、ルーキーイヤーで打率・291、18本塁打という立派な結果を出しています。

今後、日本人捕手がメジャーでまた生まれるかは分かりませんが、打力が優先されることは明らかです。あるいは、スピードと出塁率ありきの新世代のメジャー日本人捕手が生まれても面白いかもしれません。

また、城島氏は現在、地元の九州に戻って大好きな釣りの番組などをしながら第二の人生を楽しんでいるようですが、現役時代から「野球よりも釣りが好き」と公言していました。私もやりたいことがあって野球を引退した口なので、共感できるものがあります。自分の好きなことを追える選手は、どの業界の門を叩いても強いのかもしれません。

イチロー――日本が生んだ世界最高のヒットマン

野茂氏が投手のパイオニアなら、野手のトップランナーがイチロー氏でしょう。野球ファンなら誰もが彼に感謝し、寂《さび》しい思いをした日本での引退シリーズは記憶に新しいところです。

私は日米合わせて10シーズン以上、チームメイトとしてプレーさせてもらったので、あの現役引退のゲームは、やはりグッときました。その日（2019年3月21日）、私は東京ドームの放送席にいたのですが、ある意味では自分の引退の時よりも込み上げてくるものがありましたね。

彼と初めて会ったのは1991年、オリックスの秋季キャンプの頃だったと思います。特別に何か言葉を交《か》わした記憶はありませんが、まだ線が細かった若者という印象でした。

1995年の阪神・淡路大震災後、「がんばろうKOBE」の合言葉でペナントを獲ったシーズンも、もちろん印象的でしたが、私が二軍で調整していて、そこで彼と一緒になったゲームをなぜか覚えています。私の2年目、1992年だったと思います。

確か私がレフト前のヒットで出塁して、彼が長打で返した。私のヒットとイチロー氏のタイムリーで得点を挙げたのは、これが最初で最後です。

それからちょうど10年後、アメリカでふたたびチームメイトになりました。2002年シーズンですね。

イチロー氏は前年にマリナーズに加入していて、メジャーのルーキーイヤーながら242安打を放ち当時のシーズン安打の球団記録を更新し、新人王、MVP、首位打者、盗塁王など数々のタイトルホルダーでした。

そんなイチロー氏とシアトルで再会して握手して、開口一番に彼が私に言ったのは、こうです。

「ユニフォーム、似合ってませんね」

これには苦笑いしましたが、実はあれも彼なりの歓迎の気持ちだったのかもしれません。

エンゼルスにいた私が、マリナーズのユニフォームが似合っていない云々《うんぬん》はどちらでもいいのですが、それだけではなく、グラウンド内外でいろいろと彼は私をイジってきました。食事も数え切れないくらい一緒に行きましたし、ここでは書けないようなバカな話もたくさんしました。

私のほうが年上でプロの年次は先輩なのですが、スターであるイチロー氏が私をイジること、近い距離で過ごすことによって、周囲も「ああ、ハセガワっていう新戦力はイチローが対等に話す投手なのだな」となんとなく認めてくれる。

ひょっとして、そこまで考えてくれていたかもしれません。おかげでシアトルでは早い段階でチームに溶け込むことができた気がします。

マリナーズ時代の著者（左）とイチロー。
日米を通じてのチームメイトでもあった。
写真は2003年8月10日、ニューヨークでのヤンキース戦に連勝し、ハイファイブ（ハイタッチ）する二人逆にイチロー氏本人は大変だったろうな、とシアトルで濃密なシーズンを共に戦い、痛感した部分もあります。

毎日、ヒットを何本打ったと報じられるだけではなく、どの投手からどんな感覚で何を狙《ねら》って打ったかを記者に囲まれて答える。もちろん、結果が出ない日もなぜ結果が出なかったのか質問されますし、それが毎日、続くとどんな選手でも疲労するでしょう。それでも自分の言葉の持つ影響力を自身で知っているからでしょう。誠実に対応していた記憶があります。

当時のチームメイトと、よくこんなやりとりをしました。

「シギ、イチは毎日、大変だな」

「うん、でも今はイチローを演じているから」

チームメイトとは「イチローにスイッチが入っている」とか「イチローを演じている」という我々独自の表現をしましたが、メディア対応などをする場合は、ある程度シリアスでシャープな選手でいないといけない。仕事モードとも言えるかもしれません。

例えば英語、通訳の件もそれに類似しています。イチロー氏の英語は、日常会話なら全く問題ないでしょう。ファンのサインに応じる。グラウンドでチームメイトと談笑する。クラブハウスのスタッフと会話する。当然ながら問題なくこなしますが、アメリカでのキャリアはアレン・ターナーさんという名物通訳と共にありました。

私などは文法も発音もまだ勉強中にもかかわらず、「それも俺やから」と英語を臆《おく》さずにしゃべっていて、「それはこう言うべきだよ」などと周囲にアドバイスをもらいながら上達していきました。でも人にはそれぞれ、キャラクターがあります。イチロー氏が文法でミステイクしたら、誰かしらが必ずつまらないことを言ってくるものです。

スーパースターの副作用というか、有名税みたいなものですね。だから通訳をつけるのは賢《かしこ》い選択だったと思います。ある意味ではイチロー選手がアメリカで得た自己防衛策のひとつかもしれません。そうしているうちに、さらにどんどん〝イチロー像〟が固まっていき、ゲームで彼が談話を出すごとに「ああ、イチローってやっぱりカッコいいな」という積み重ねがある。

スーパースターの素顔

そのぶん、特にシアトル時代は「イチローさんって普段はどんな方なんですか？」とよく質問されました。

それについて言えば、まずは日本食が大好きですね。

シアトルのクラブハウスには当時、メキシコ人シェフがいました。あの頃は佐々木主浩《ささきかづひろ》さんを含めて日本人投手が３人所属していたので、炊《た》いた日本米や醬油《しょうゆ》は常に用意してくれていたのですが、日本国内で炊くものに比べると、クオリティの面ではどうしても落ちてしまいます。アメリカに行ってフードコートなどの日本食チェーンで食事をした方も多いと思いますが、あんな感じです。

メニューも偏りがちなので、イチロー氏は本人も引退会見で言っていたように、よく奥さんに作ってもらったおにぎりを持ち込んで試合前に食べていました。日本食へのこだわりはかなり強かったですね。

遠征に出てどの街に行っても、試合後にはタクシーを呼んだり、時にはレンタカーを借りたりして寿司店や和食の店に足を運んでいました。何度も一緒に行きましたが、どこへ行っても美味《おい》しかったです。「よう調べてんな」と感心しましたが、きっと彼は勉強熱心というか、野球もそうなのですが、好きなものに対してする努力を「努力」と思っていないのでしょうね。楽しいとすら思っているかもしれません。それもスターの資質かもしれません。

あとはイチロー氏が使っているバットが細すぎて、佐々木さんが試してみたらバットにボールが当たらなかったとか、移動中の機内では彼はいつもお笑いのDVDを観《み》てゲラゲラ笑っていたとか、思い出はいくらでもあります。細かいネタとしては、私はよくロッカールームで経済誌とかを読んでいたので、そのニュースをイチロー氏に見せて、

「イチロー、（サッカーの）ベッカムがこんなスポンサー契約してるぞ。お前なら、これくらいの額はいけるんちゃうか」

とか、

「マイケル・ジョーダンが（シャーロット・）ボブキャッツ（現在のホーネッツ）を買ったぞ。ノーラン・ライアンもテキサス（・レンジャース）を買収する可能性があるらしい。イチローもどこか球団買えよ。俺も手伝うよ」

なんて冗談半分で話しかけていました。

彼は「またその話ですか」と若干、面倒臭そうにしながらも付き合ってくれていましたし、最終的には「長谷川さんって、ビジネスが本業で野球が副業ですよね」と笑っていましたが、私にはそのセリフが頭のどこかに今も残っている部分があります。

道具にこだわる

イチロー氏の野球に関して、まず多くの人、特にこれからプロを目指している球児に知ってほしいのは、道具への徹底したこだわりです。

メジャーのクラブハウスには基本的に道具係がいます。

試合が終わってスパイクやグローブ、バットをそのあたりに置いておけば、ボーイが片づけてくれたり、磨《みが》いてくれたりもします。なので、脱ぎっぱなし、置きっぱなしにする選手は少なくない。むしろ多いかもしれません。

あまり行儀がいい言動ではないので、選手名は出しませんが、かつて同僚だったブルペンの中には「あのスパイク履《は》いてて打ち込まれたから、縁起《えんぎ》悪いわ」というようなことを言って、新品同様のスパイクをすぐに捨ててしまう投手もいました。

でもイチロー氏は絶対にそんなことはしません。むしろスパイク、バット、グローブなど商売道具を人に触らせているのを見たことがないくらいです。それはずっと一貫していましたね。それをクラブハウスのスタッフも知っているので、誰もイチロー氏の道具には触れませんでした。

引退試合となった東京ドームのゲームでも、四球を選んだ後にバットをそっと丁寧《ていねい》にグラウンドに置いていました。あそこまで行くともう一種の儀式みたいなもので、彼が野球というスポーツに誰よりも真摯に向き合い、考えて、自身を向上させようと取り組んできた所作《しょさ》そのものだと私は考えています。そして、それこそがファンだけではなく、メディア、選手間からもロールモデルとして愛された選手であった理由とも言えます。

メンタルの4段階

また、昔からよく「イチロー選手のどこが一番、すごいんでしょうか?」と質問されました。

その質問の行間からは、みなさんがイチロー氏をスーパーマンみたいに捉えていることが窺《うかが》えますが、決してそうではありません。ほかの選手と比べても、何ら変わりがないとも言えます。

それを自身で理解しているからこそ、努力ができるのです。メジャーでプレーしている選手は全員がそうですが、イチロー氏を筆頭に、彼らはとてつもない努力を重ねてきています。

特にイチロー氏は、体が大きくないから、信じられない数と量のトレーニングをしてきました。バットを振っている回数はきっとメジャーの中でもトップクラスでしょう。芯《しん》で捕《と》らえて真横に狙ってファウルを打つなんて、普通の選手にはできません。必要ないと思っている選手もいます。メジャーの選手同士でも理解できない高いレベルにあると思います。

そして超一流である彼らは、それを努力と考えていない。

例えば、バッティングケージに入ってピッチャーの投げた球を弾《はじ》き返すトレーニングは誰だって楽しいんです。でも、インナーマッスルを鍛えるトレーニングなんて地味ですし、場合によっては痛いし、私なんかは「なんやねん、この地味なやつ。肩こりするためにやってんのか⁉」という感じで大嫌いでしたね。

でも、そこが分水嶺《ぶんすいれい》だったのかなとも思います。私はおかげさまで、メジャーで9シーズン稼働し、〝一流〟と呼ばれる投手の仲間入りはできたかなと自負している部分はあるものの、〝超一流〟との差はまさにそこにありました。

超一流選手の多くは、つまらないトレーニングも楽しんでこなせるのです。野球を心から愛しているから。

メジャーリーガーに「野球を始めたきっかけ」を尋ねても、「小さい頃からやっていたから」くらいに答える選手は多いと思います。私もそうでした。その中で人より遠くにボールを飛ばせる、速い球を投げることができる。だから楽しくなって続けてきて、その延長線上にプロがあった人がほとんどだと思います。

そのため、なかなか結果が出ないと面白くないし、嫌いなトレーニングも存在する。

しかし、イチロー氏のような超一流は、その地味で面白くない、場合によっては苦痛も伴うトレーニングも楽しめるのです。彼はインナーマッスルを鍛えるトレーニングのために、専用マシンを持ち込んで黙々と取り組んでいました。大きな怪我をせずに45歳まで28年の現役生活を完走できたのは、それによるところも大きいと思います。毎日、飽《あ》きずに集中力を保ったまま練習するというのはひとつの才能ですし、緊張感を持てるというのもスーパースターの素養ということを私は彼を通して知りました。

同時に、近くで彼を見ながら同じメジャーリーガーという立場にいると「常にナーバスな精神状態であること」がいかに難しく、大切なことだと思い知らされます。

仮にメンタルの状態を4段階に分けるとすると、もっともいい状態が「無」です。

その次が「緊張状態」つまり「ナーバス」です。

その下が「怒り」、最下位のレベル4は、「やる気のない状態」だと言えます。

キャンプに入った時などに、私はだいたいそうだったのですが、どうしても最初は「あかん。どこか集中できてないな」と自分で分かるのです。

その状態から始まって、でもトレーニングを積んでいるうちに「身体がイメージ通りに動かない、結果が出ない」と自分に怒り出す。

そのうちにそれがだんだん変化して、「そろそろシーズン始まるよな」と緊張感を抱き、多少ナーバスになってくる。個人差はあるでしょうが、多くの選手はだいたい同様だと思います。

でも、イチロー氏の場合は下の二つがないのです。

キャンプに入っても投手陣は、投げない時はベンチに座って、特にやることのない時間があります。そういう時はイチロー氏を観察していました。すると、筋肉や視線の動きがすでに「ナーバス」になっているのがよく分かったものです。

もちろん、その「ナーバス」がシーズン前から始まって162試合続いたら、身体にはものすごい負担がかかっていきます。イチロー氏本人も「気分が悪くなるぐらいの精神状態になる」と言っていたことがあるので、万人にその調整方法やトレーニング法がフィットするとは言えませんが、それでも常にナーバスの状態でプレー、トレーニングできて、また耐えることができる。そこで結果を残すのは、間違いなく彼のすごみでしょう。

なぜ4367本のヒットを量産できたのか

イチロー氏の代名詞でもある「ヒット」ですが、日米通算の安打数は4367本。これはギネスブックにも認定された数字です。

歴代安打数でいえばピート・ローズ氏が4256安打、タイ・カッブ氏が4191安打、ハンク・アーロン氏は3771安打と、錚々《そうそう》たるレジェンドの名前が続きます。

私はそのレジェンドと投手として対峙《たいじ》したことはないのですが、「3,000 Hit Club《スリーサウザンド　ヒット　クラブ》」のメンバーと対戦したことはあります。これは文字通り3000本安打を達成した選手が名を連《つら》ねる、日本で言う「名球会」のようなものですが、私が対戦したことがあるのはデレク・ジーター氏（3465本）、トニー・グウィン氏（3141本）、リッキー・ヘンダーソン氏（3055本）、アレックス・ロドリゲス氏（3115本）あたりです。

ちなみに、ここに名を連ねる選手は「ホームランを狙っていた結果ヒットになったスラッガー」と「ホームランを捨ててヒットに徹した職人」の2タイプに分けられると私は思っています。

前者は755本塁打のハンク・アーロン氏や、696本塁打のアレックス・ロドリゲス氏、後者はピート・ローズ氏（通算本塁打160本）やタイ・カッブ氏（同117本）でしょう。日米通算235本塁打のイチロー氏も、もちろん後者です。

イチロー氏に関して「メジャーのほうがレベルが高いはずなのに、なぜ日本よりヒットを量産できるのか」といった質問を受けます。理由はいくつかあると思います。選手としての技術が向上したからとか、広角に打てるからだとか、あるいはメジャーの守備の問題もあるでしょう。

ただ、私が投手の立場から出した答えは、「イチロー氏のようなバッターはそこまでマークされないから」です。

もちろん、イチロー氏を含めた「3,000 Hit Club」のメンバーを過小評価しているわけではありません。

むしろ逆で、はっきり言って私などとは格が違います。だからこそ、ある意味ではマークしない。正直な心情としては「さっさとシングル打たれておいたほうが楽やな」なのです。

得点圏にランナーさえいなければ、ホームランにはしにくい外角の真っ直ぐを投げておく。そこでちょこんと当てられてシングルヒットをもらう——そんなイメージはよく抱いていました。それでも彼らだって3回に2回はアウトになるわけですから。

一生懸命、弱いコースや球種を研究して、対策を練ってピッチングを組み立てて、コーナーの臭《くさ》いところをついて……と試行錯誤してアウトにできればいいですけれど、球史に名を残すような彼らは簡単には打ち取れません。

心身共に磨耗《まもう》したあげく、7球投げてwalk《ウォーク》（四球）にしてしまうのは、ピッチャーにしてみれば精神的にしんどいし、初球でシングルを打たれるほうがよほどベターです。そのあたりを私はメジャーに来て開き直って考えるようになりました。

日本の野球では「三者凡退で抑えると流れを作れる」という考え方もありますが、そこに特段の根拠はありませんし、アメリカは「結果、点やらなきゃええで」と選手もファンも合理的な考え方をします。むしろ巧打者にはさっさと打たれて後続をきっちり抑える。そういうピッチャーには「あいつ、いっつもシングル打たれるけれど、結果、抑えとる。頭いいヤツやな」と評価が高まったりすることすらあります。

イチロー氏に話を戻しますが、彼は日本だと3番も打っていました。場合によっては打点も稼がないといけないし、長打も求められていたわけです。

それがメジャーに来て先頭を打つようになって、「とにかく塁に出る」と役割がシンプルになりました。

オリックス時代の９シーズンで本塁打は１１８本でしたが、メジャー19年間の通算本塁打は１１７本です。この数字が示すように、ホームランを捨てヒットに徹する姿勢とメジャーの合理的な野球が合致した結果、量産に繋《つな》がったのではないでしょうか。もちろんこれは、イチロー氏のずば抜けた技術とセンスありきの話です。「確実に打てる球が来るまでカットできる」と言って、それを実行したバッターを私は彼の他に知りませんので、その事実は言い添えさせていただきます。

パワーを捨て、メジャーにスピードを持ち込んだ男

「うまくできてますよねぇ」

いつだったか、イチロー氏がふと言い出したことがありました。

「一塁にボテボテの内野ゴロ打って、一生懸命走るとちょうどセーフかアウトかギリギリですもんねぇ。野球ってうまくできてますよ」

変なところに感心していました。いつも自分の尺度《しゃくど》で野球を楽しんで、魅力を見出しているイチロー氏ならではの着眼点ですが、そのコメントからはやはりスピードに対しての切り口が見え隠れします。

走塁や守備にはスランプはないので、仮にバッティングが悪くて詰《つ》まった当たりでも内野安打になる。外野からの捕殺でチームを救うケースもある。それを不言実行してきたのも彼です。

晩年の彼のプレーで印象的なのは、マイアミ・マーリンズ時代のジャイアンツ戦で見せたトリックプレーです。

1点リードで迎えた最終回ランナー一塁、アウトカウントはひとつでした。グレガー・ブランコ選手が力強く引っ張った打球は、ライトを守っていたイチロー氏を超えるような大飛球でした。

しかし、イチロー氏はその深い打球に対して背走して追わず、少し下がってから一度、捕球できるかのような体勢をとりました。それによって同点のランナーであるファーストランナーは「あれ？　ライトフライなのかな？」と一瞬、ランニングのスピードを緩《ゆる》めてしまいます。

イチロー氏はランナーのスピードを殺すとすぐに振り返り、フェンスに直撃したクッションボールを処理し、内野に転送。本来なら長駆《ちょうく》同点ホームイン、というような長打でしたが、彼の記録に残らないファインプレーでファーストランナーは三塁止まりでした。実況や味方のセンターの選手も騙《だま》されていたようで、チームを一度（その後、後続に打たれチームはサヨナラ負けを喫しました）、救ったわけです。

引き出しが多く、アウトプットとインプットの能力も高い。それを後進に見せるという意味ではレベルアップにも繫がりますし、野球全体の面白さの発掘という意味もあります。だからこそ、シアトルを出てヤンキース、さらにマーリンズなどに、守備のスペシャリスト、あるいは若手の規範として求められたのでしょう。

そしてもうひとつ、前項で「ホームランを捨てた」とあえて表現しましたが、イチロー氏のその決断と、その後のスピードを活かした活躍で、スピードを武器にした彼に続く日本人野手が次々とメジャーに挑戦できたのは、日本の球界にとって大きな財産となりました。

中にはなかなか結果を出せずに終わった選手もいますが、それもデータとして残ります。「あの選手で通用しなかったからもっとここを鍛えよう」という物差しにも、モチベーションにもなります。これもイチロー氏が残してくれたもののひとつでしょう。

平成を代表する侍メジャーリーガー、スパイクを脱ぐ

まだイチロー氏が現役でプレーしていた頃、本人に「最終的にどこまでプレーする？引退のイメージはある？」と質問したことがあります。すると彼は、笑ってこう答えてくれました。

「ファーストまで走れんようになったらやめます」

力士は「髷《まげ》を結《ゆ》えなくなったら土俵を下《お》りる」という目安がありますが、そんな感じだったのでしょうか。

２０１９年3月21日、マリナーズ対アスレチックス戦の東京ドームは本当に素晴らしい雰囲気で、この年に選手としてマリナーズに復帰したイチロー氏がライトに向かうたびに、大歓声が上がりました。本人も「日本のファンの方の熱量というのは普段感じることが難しい」としながら、「それが覆《くつがえ》った」と驚きながら喜んでいましたが、ドームは彼

のための劇場になっていた気すらしました。
ファンだけではなく、チームメイトの菊池《きくち》雄星《ゆうせい》投手や、ディー・ゴードン選手らが涙を流しているシーンも心に染《し》みました。
ゴードン選手のようなスター選手にとっても憧れの存在であるイチロー氏ですが、それ

THURSDAY, MARCH 28, 2019 | The Seattle Times | Sports C3

THANK YOU, ICHIRO.

Dear Ichiro,

First off, I want to say thank you for being a great friend to me and being my favorite player to this day.

Before I made the decision to play baseball, I remember looking at you and thinking to myself, "Damn, bruh skinny like me, so if he could do it, I most definitely can, too!" You made me want to play baseball. I idolized you as a kid in Avon Park. We even named a player after you in an old video game that came out before I was born.

I met you in 2004 in Houston at the All-Star Game. I remember walking across the field with my dad around 3 p.m., and you were already there stretching and getting ready – at the All-Star Game! No one does that!

It seemed like everyone else was huge and hit homers, but you stayed true to yourself, your work, your process, and, most importantly, your culture. You showed me that I could do anything and everything I could possibly want to do in this game, even when literally *everyone* is twice as big as us!

Then, here comes 2012. The Dodgers are in Seattle playing you guys. I'm standing at shortstop watching every move you make, and I end up adding to your hit total. I got caught up paying more attention to watching you hit than actually playing defense! (Sorry, Dodgers, but that's Ichiro, you know?)

The next day, you were traded to the Yankees before I could even talk to you about hitting. I was crushed, but then came 2015. I had just been traded to Miami, and a few days later, you signed there!

Now I'm jumping up and down, yelling to my best friend, "YO!!! I get to play with Ichi-bruh?! Like, are you serious? Me? No way!" I remember going to Jupiter early, just hoping you were there so I could watch you hit and run. When you finally arrived, I nervously walked over to you and, bro, you were so nice to me. You told me you would help me in any way possible. I swear, it hit me hard. To this day, I be saying, "Yo! I play with Ichi!? How? I'm from little Avon Park!"

People don't know how much you've helped me over these last five years, Ichi. We both know I've had good times, bad times, ups and downs, but your friendship never wavered once. You always stuck by my side through anything, and always had my back. If I was wronged, you would stick up for me every time, even if it hurt you getting on the field.

I didn't think a tweet or Instagram post was appropriate for this occasion, so I wanted to do it the right way and tell you how much I appreciate you as loudly as possible. Without your friendship and guidance – and if you never told me your secrets (don't worry, bro, I'll never tell!) – there wouldn't be a batting champion named Dee Gordon.

Love you, bro! You're a part of my life forever. I hope you enjoy retirement. You better come hit with me on off-days because I'm definitely gonna miss that – and miss having you around to lean on.

Your brother,

DeVaris

「ありがとうイチロー。あなたは私の人生の一部です」。イチローを慕うディー・ゴードン選手は地元紙「シアトル・タイムス」に全面広告を出した
（2019年３月28日の電子版から）

には必ず理由があります。

彼の輝かしい記録は今さら列挙するまでもありませんが、4367本のヒットを打つために1万4832回、バッターボックスに入り、打数は1万3553もの数字を要したわけです。そこには9186の凡打が存在しています。

それが彼の一番、すごいところです。私の知る限り他の誰よりもヒットを欲していた選手ですから、凡打のたびに本当に悔しい気持ちを抱いていたことでしょう。本人は昔から「数字と戦ってもしょうがないんです。対戦相手はミスしてくれるけど、数字はミスしませんからね。絶対に勝てないので意識しても意味がない」というのを口グセのように言っていました。あるいは自分に言い聞かせていたのかもしれません。

結果が出ている時期にプロらしい振る舞いをし続けることは、そこまで難しくありません。見られている自覚は自然と芽生《めば》えるものですが、彼が超一流たる理由は、調子が良くない時期も振る舞いが一貫して変わらないことにあります。

メジャーリーガーの中には実際、時には判定に怒りを覚えてネガティブな感情を爆発させたり、口にしてはいけない言葉を叫んだり、モノに当たったりする選手もいます。

正直に告白しますが、私も結果が出なかった登板後にベンチのウォータークーラーを壊したことがあります。後で球団からしっかり請求書が回ってきましたが。

しかし、イチロー氏はそんなことは当然ながらしたことはありませんし、ネガティブな感情が態度に出たことがありません。

東京ドームの引退試合でも、三振を喫《きっ》していましたが顔色を変えずに粛々とベンチに戻る姿が印象的でした。9000を超える凡打をしても、そういうプロとしてのあるべき姿を貫く。

努力を努力と思わないメンタル、退屈でも必要なことを続けるメンタル、緊張感や集中力を持続できるメンタル——前述したように、イチロー氏が得た能力には舌を巻きますが、もうひとつ加えるとしたら、凡打をしても毅然《きぜん》としているメンタルも彼の大きな武器でしょう。

そしてゴードン選手をはじめ、多くのファンが魅せられてきたのはその部分でしょう。確信しています。私も今、振り返ると彼のメンタルに学ぶことは多かったです。

引退会見も彼らしい言葉で、真摯に思いを説明していました。基本的には、メディアに対するサービス精神は旺盛な選手だったのです。

野球選手ではなかったら？　という質問に、「違う野球選手になってますよ」なんて言うのもイチロー氏らしいですよね。

あとは「生き様」について質問されての回答が印象的でした。

「人より頑張ることなんてとてもできないんですよね。あくまでも秤《はかり》は自分の中にある。自分なりにその秤を使いながら、自分の限界を見ながら、ちょっと超えていく、ということを繰り返していく」

自分の中にどれだけ厳しい基準を設けることができるのか。それが明確で、いかにも彼らしい啓蒙《けいもう》に溢《あふ》れていました。そんな独特の表現で、解釈を受け手に委《ゆだ》ねるような物言いを聞くと、改めて彼と共にプレーできたこと、同じ時代のメジャーリーグを体験できたことを幸せに思います。

この章の最後にこんなことを書くのもアレですが、私は一応、先輩なので日常では「イチロー」と呼び捨てにしています。しかし、こうした書籍や電波を介したケース、および公《おおやけ》の場では、もう公人である彼を「イチロー氏」と呼ぶべきなのでしょう。だからイチロー「氏」に限らず、野茂氏、黒田氏、城島氏など、現役を引退した選手には、長幼の序とは違う意味で「氏」としました。

もちろん、イチロー氏本人も引退会見で「〝元イチロー〟になるんですかねえ」などと発言していたように、ちょっと慣れない響きですね。

だから、落ち着いたらシアトルに遊びに行って「気のいい野球好きの兄ちゃん」である彼に会い、いつものように「イチロー」と呼びながら、「次、また何か面白いことしようぜ」と声をかけてみようと思っています。

03

第3章

知られざるメジャーの日常

英会話や食事、移動、オフ……報じられないメジャーリーガーの日常。そして壮大なマネーゲームやデータ化が進むベースボール。変化し続けるメジャーリーグというスポーツビジネスをリアルにレポートする。

「気をつけろ」を英語で何と言うか

メジャーに移籍する日本人選手がまず直面するのは、当然のことながら言葉の壁です。といっても最近は、それぞれ選手はかなり勉強してから渡米するでしょうし、通訳と共に入団するのは当たり前のようになっています。選手が気心知れた通訳スタッフを連れてきて球団職員にするケースや、エージェントが探してきた人物を球団が雇《やと》う契約など、形は様々です。

大谷翔平選手をサポートする通訳の水原一平《みずはらいっぺい》氏も、もともとはボストン・レッドソックスでプレーしていた時代の岡島秀樹《おかじまひでき》氏の専属通訳として球界でキャリアを始め、日本ハム経由でアナハイムに来たという経緯があると聞きました。

10年ほど前まで、通訳は球団が手配してくれることが多かったですね。私がエンゼルスに入団する時は、球団の求人に応募してきた方でした。彼は問題なく仕事をこなしてくれて、OKな人物でしたが、私はなるべく自分でコミュニケーションを取りたかったので、最低限のことだけをお願いしていた記憶があります。

スプリングトレーニングが終わると、彼は都合で球団を去ることになり、私はシーズン入りしても通訳をつけなかったのですが、たとえ通訳がついてくれても、実際にグラウンドで使う野球英語はどうしても覚える必要があります。

例えば、日本でフライなどを捕る際の掛け声「オーライ」の「I got it《アイ ガット イット》」は有名ですが、選手によっては「Mine!《マイン》」、つまり、「俺のボールだ!」と主張したりします。

あとはボールが飛んできた時の「気をつけろ」は「Heads up《ヘッズ アップ》」を使います。英会話教材で習うような「Watch out《ウォッチ アウト》」でも間違いではないですが、グラウンドではあまり聞きませんでした。また、球拾いの「Shag《シャグ》」「Shagging《シャギング》」などは、野球以外ではほとんど使わない単語です。これらはメジャーに来ないと知らなかった単語でしょう。

反対に、和製野球英語はメジャーリーガーに面白がられました。

「デッドボール」と言えば日本では「死球」ですが、アメリカでは「フィールド上で完全に止まった球」、例えばボテボテのゴロが止まった状態などを指します。ボールがバッターに当たる死球は、正しくは「Hit by pitch《ヒット バイ ピッチ》」です。「日本では『デッドボール』って呼ぶんだ」と同僚に言うと、みんな「嘘だろ、そんな物騒な」とか笑っていましたね。このあたりのやりとりは、多くの日本人メジャーリーガーがそれぞれの球団で経験しているかもしれません。

語学力やその勉強法、表現も人それぞれでした。

私は学生時代からアメリカに行きたいなと思っていましたから、割と英語の勉強はしてきたという自負がありました。学校の授業も（もちろん他教科も人並みには学びましたが）英語は特に集中し、文法もしっかり学びましたし、テストの点も悪くなかった。

ところが、大学2年生の時に全日本の遠征でバンクーバーに渡航した際、リスニングもスピーキングも通用せずに、まったくコミュニケーションを取れなかった経験があるのです。あれにはちょっと落ち込みましたね。

逆に「俺、英語なんてしゃべられへん」と言っていた面白い先輩が、ブロークンイングリッシュで現地の子どもたちと話して笑いを取っていたりして、「英語って勉強しなくても気持ち次第で何とかなるんやな」と気づいたのもその時です。

大学4年の時にはシアトルに行き、新婚旅行もアメリカだったのですが、その時も共通して実感したのは、「授業や教科書と、自分で使う英語は全然、違うな」ということです。

例えば「元気？　調子どう？」みたいな挨拶《あいさつ》の「How《ハ》 are《アー》 you《ユー》 doing《ドゥーイング》?」は皆さんご存じでしょうし、文法的に正しいフレーズです。授業や講義ではネイティヴの先生も分かりやすくゆっくり発音してくれるから、スムーズに返事ができると思います。

でもそれがアメリカでの日常会話になると「How ya doing?」と短縮されてしまいます。「How are you?」も「How are ya?」で、ほとんど「ハワヤ」と聞こえることもあります。「wanna《ワナ》」（want to）や「gonna《ゴナ》」（going to）もそうですね。さらにアメリカは人種の坩堝《るつぼ》ですから、メキシカンやドミニカン、プエルトリカンのクセのある英語も混ざってくる。そこで学校の勉強だけで活きた英語を身につけるのは、難易度が少し高いかもしれません。

だから私はオリックス時代、映画『フィールド・オブ・ドリームス』を録音して、当時、発売されていたスクリプト（script／台本、脚本）を読みながら、移動の新幹線などで聞いていました。

映画の表現には、熟語も流行《はや》り言葉も組み込まれています。作中は日常用語で溢れていて「分かった」という返事というか、相槌《あいづち》というか「I《アイ》 figured《フイギュアド》 it《イット》 out《アウト》」なんていうセリフがありました。これはスラングではないですけれど、口語的ですよね。

日本語でも「私はその件について了解いたしました」なんて、会話で言う人はいません。教科書には出にくい、使える英語がたくさんあって、楽しく勉強できました。

今はほとんどのDVDにクローズドキャプション（字幕の切り替え）の機能がついていますので、すでに観たお気に入りの映画を、英語音声と英語字幕でまた観るというのもかなり身になる勉強方法ですよね。

現代は動画サイト全盛ですので、音楽から入るのもひとつのアイデアでしょう。メジャーリーガーの中には家庭教師をつける選手もいたようですが、どこかで遊びの要素を入れないと語学は続かないというのが私の持論です。

『スポンジ・ボブ』が入り口で最後はＣＮＮ

英語をインプットするやり方も人それぞれですが、アウトプットの方法も人それぞれです。

私は前述したバンクーバーでの経験があったので、メジャーに移籍した後は失敗しつつも臆さずにしゃべっていくことに決めていました。

だから入団当時はチームメイトにフロントの偉い人の前に連れていかれて、「おいシギ、さっき教えたの言ってみろ」とかよく遊ばれました。

その「さっき教えたの」とは、もちろんあまり上品とは言えないフレーズです。

私だって雰囲気で「これは目上の人に言うたらアカンやつやろ」とは分かっていましたけど、そこは「新外国人やし許してもらえるだろう」と開き直って、しっかり言って笑いをとって、ノリというか「しゃべられへんけど、なんとかしゃべってんねん」というキャラクターで通した部分があります。褒《ほ》められたやり方ではないかもしれませんが、選手ともスタッフともそういうくだらないことで関係を築けて良かったなと思っています。

そういうふうに日々、発音や文法が多少、間違っていても臆さずにしゃべり続けることで、それが却《かえ》ってギャグっぽくなってくれて「シギはおもろいヤツだなあ」というイメージに転《ころ》んでくれたことも少なくなかったです。

そんな環境もあって、アメリカに来た頃は、インタビューなどで「英語はどうやって勉強していますか?」と聞かれると、「『スポンジ・ボブ』を観ています」と、よく答えていました。あれはどこでも大ウケでしたね。

『スポンジ・ボブ』とは、アメリカの愉快なテレビアニメなのですが、実際に家では息子が観ていましたし、簡単な英語が多かったのでリスニングにもちょうど良かったのです。

日本に来た助《すけ》っ人《と》外国人選手が「『クレヨンしんちゃん』で日本語を勉強してマス」と言うようなものですよね。異文化の人間が自国文化に接し、しかもそれを教材にしてくれるのですから、なんだか嬉しいし、親近感も湧《わ》くじゃないですか。

私はそこまで計算していたわけではありませんが、何と言ってもビジネスの基本は相手を知ることです。だから、どんな小さなことでも言語を通して得るものはあります。

ある程度、基本のリスニングとスピーキングができるようになると、今度は少し難しい話題、経済だったり時事ニュースだったりを英語で話したいという願望が湧いてきます。

以前、カリフォルニアで働いているビジネスマンに英語の上達法を聞いたのですが、「テレビをつけっぱなしにしておくといい」という方が多くいらっしゃいました。

まずは柔らかいニュースも扱うNBC、CBS、ABCにFOXくらいまでのキー局のニュースを、何か作業しながらでも、出かける準備をしながらでも、意識の端《はし》っこで拾っていきます。そうすると、そのうち少なくとも何の話題なのか、どういう類《たぐい》のニュースなのかが分かってくるようになります。

それから私はCNNに切り替えました。政治や経済のニュースを集めるためです。CNNは政治・経済ジャンルのニュースが多く、「日米通商協議で進展の兆《きざ》しがあり、主要中央銀行が景気回復の措置を講じる動きがあったので、株価は緩やかに上昇しています」といった日本語でも難しい専門用語が飛び交う上級者チャンネルなので、かなり苦労しましたが、勉強するのは楽しかったし英語のCNNのニュースと、日本の経済誌などを比較できるのは私にとっては大きな武器になりました。

ちょっと脱線しましたが、これからメジャーを目指す選手にも、現在勉強中の大谷選手にとってても重要なポイントは「雑談」、もっと言えば「バカ話ができること」になってくると私は考えています。

どんな世界でも成功するのは、雑談が上手な人だと私はビジネスの世界で教わりました。

例えば、シアトルは雨が多い街で「Rainy《レイニー》 City《シティ》」と呼ばれるくらいなのですが、挨拶の時に「この街は雲の形が観察できるから興味深いです」とか言える方や、ある程度親しい相手なら「いやあ、いつ来てもここはいい天気で」など、冗談というスパイスを利《き》かせた会話を広げていくことがあります。

それに対して英語で咄嗟《とっさ》に返せるか。これが実はスムーズにビジネスに移行する鍵だと私は思っています。日本のビジネスマンは優秀ですから、その商談に必要な知識や単語、数字は完璧に頭に詰め込んで渡米する方が多いです。これは誇っていいことですが、その一方で商談前のちょっとしたトピックが苦手な方が多く、これが一部の日本人に対して「面白みに欠けている」との評価につながる一端なのかもしれません。

スポーツでも、その街を舞台にした映画でも、名産品でもいい。何か話題を持っていれば、ビジネスも観光も散歩ですら楽しさが何倍にも増えていきます。だから私は現役時代も、ビジネスを始めたあとも、初めての街や馴染《なじ》みのない都市に行くと、テレビのローカルチャンネルをつけたりするし、地元誌をチェックするようにしています。

通訳のいない少人数での会食のススメ

野球と英語に話を戻しますが、英語の上達のためにチームメイトやチームスタッフと食事に行く機会も私にとってはかけがえのない時間でした。あまり大人数になると、ただ食べて飲んで終わるので、メジャー移籍後はできるだけ通訳を介さずに少人数の選手と共に出かけていましたね。

おのずとしゃべる機会が増えますし、自分のことも知ってもらえる。

例えば選手を数人、寿司店に連れて行ったとすると、マグロは「Tuna《ツナ》」と言えても「ヒラメって何だっけ」となるし、もっと言えば味噌汁を厳密に説明すること、味噌ってどのような調味料かを英訳するのは非常に難しいのです。そしてその実体験から、自分があとで調べた語彙《ごい》や知識は忘れにくいものです。どんどん「何だっけ?」や「何て説明すればいいんだ?」を増やして語学力をアップしてほしいです。

トロント・ブルージェイズなどでプレーした川崎宗則《かわさきむねのり》氏は、自分の意思で通訳を外したと聞きます。勇気が必要な、しかし有意義な決断だと思います。

彼は人気者で、よく地元テレビにインタビューを受けていました。英語はまだまだ途上という感じでしたが、インタビュアーの質問に的確な相槌を打って、楽しそうに会話している姿が印象的でした。

「俺はシャイな日本人だからさ、勘弁《かんべん》してよ」

なんていう発言もしていました。日本人は海外では良く言えば「奥ゆかしい、シャイ」と認識されていますが、悪く言えば「ユーモアが足りない」と思われているきらいも少なからずあります。川崎氏はそのイメージをうまく自虐というか利用して笑いに変えていましたが、あれこそが上手な雑談だなあと感心しました。

また、選手だけではなく、コンディショニングコーチやトレーナーと一緒に飲みに行ったりするのも勉強になりました。普段のお礼も兼ねてご馳走《ちそう》して関係を作るという意味もありますし、彼らの目線からチーム事情も聞けたりするので、これもコミュニケーション術としては有用でした。

いずれにしても、ミスを恐れていては英語は上達しないので、様々なフィールドで試してほしいです。野球選手だけではなく、グローバリズムが進み、世界公用語としてビジネスの大きな武器になっている英語は、すべての人にとって人生を豊かにしてくれるツールですから。

半年で地球を1周半――移動距離もメジャー級

海を渡った日本人メジャーリーガーが言葉の壁の次に直面するのは、長距離移動でしょうか。

全米を駆け巡り162試合をこなす中で、どのチームも長期遠征を余儀なくされます。中には10連戦を超える遠征もあり、もはやツアーの様相を呈《てい》してきますが、単純に西地区のチームは移動距離も長いですね。

2018年シーズンで最も移動距離が長かったチームはマリナーズで、次にアスレチックス、そして3位がエンゼルスだそうです。それぞれ総移動距離が6万kmを超えていて、地球を1周半回りながら162試合を消化しているわけですが、せっかくなのでどれだけ過酷なのか、エンゼルスの過去のスケジュールをベースに解説したいと思います。

実際に大谷選手がこなした、国境を越える日程も含む東海岸「トロント－ニューヨーク－デトロイト」という10連戦のスケジュールを例に挙げますので、それをなぞって想像し、少しでもメジャーリーガーの苦労をシェアしてみてください。

シーズンにもよりますが、ビジターの連戦はだいたい月に一～二度、10連戦前後の大型遠征は月一度の頻度です。

オーソドックスなパターンだと、ホームゲームを終えた日曜日、選手はそれぞれ帰宅して遠征の準備をします。

といっても、ユニフォームやスパイクなど、野球関連の荷物はクラブハウスのスタッフが用意してくれるので、移動のためのスーツと、自分で用意するのは身の回りの私服くらいです。遠征先で何か特別な用がない限り、多くの選手はスーツケースやボストンバッグ程度の荷物です。

翌月曜は移動日です。クラブハウスに集合してバスに乗り、近所のオレンジ・カウンティ空港（ジョン・ウェイン空港）に向かいます。

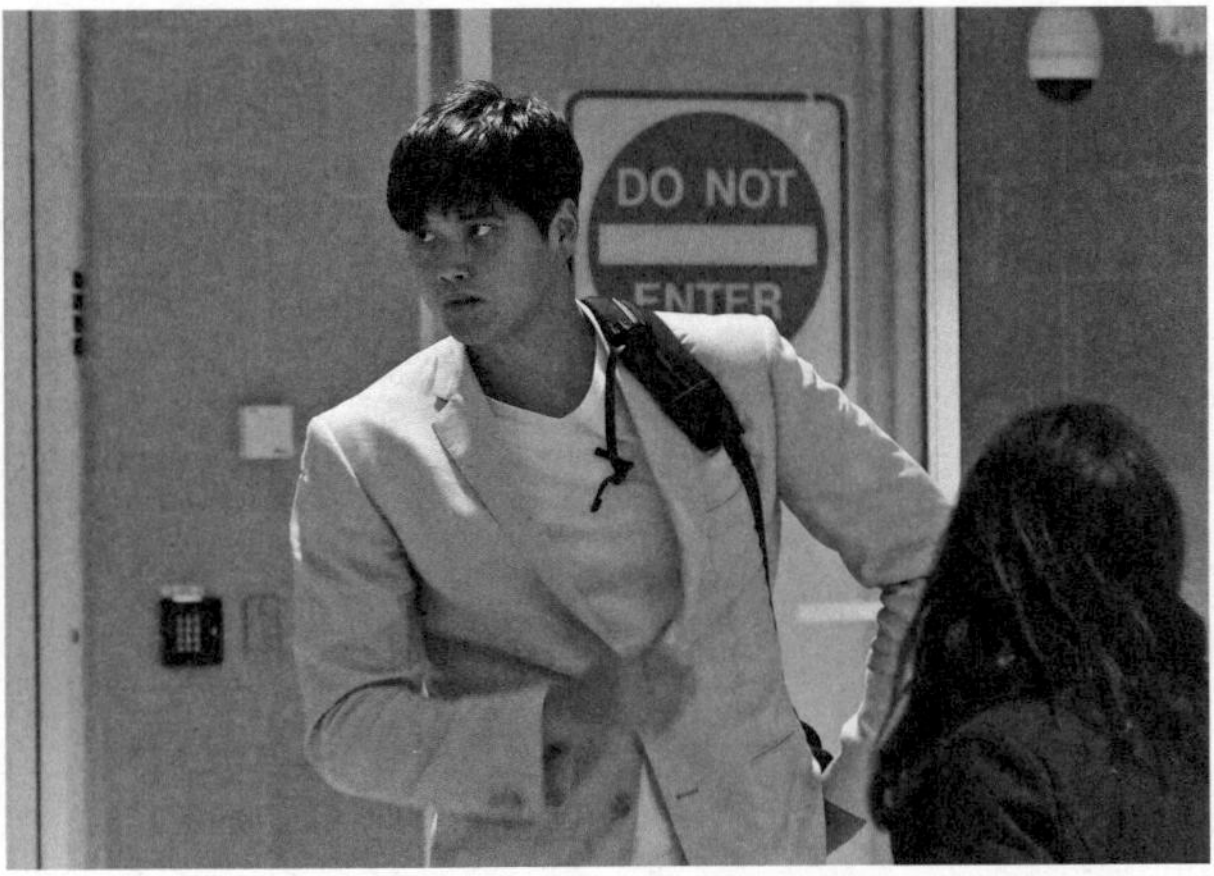

2019年5月、遠征先デトロイトの空港に到着した大谷選手

ただ、バスはターミナルに寄らずに、そのまま飛行機のタラップ脇に停《と》まります。いきなり滑走路というか、空港内の道路に進入していくわけですから、私は初めて遠征に出る時にこれにびっくりしましたね。

「何してんねん、チェックインは？　手荷物検査は？」

と慌《あわ》て、チームメイトに笑われたのを覚えています。

すごい待遇ですよね。メジャーリーガーは本当に大切にされているんだな、と実感したのはこういう時です。

飛行機はご存知のように、チャーター便ではありますが、翼にエンゼルスのロゴが入っていたりするわけではありません。普通の航空会社、私がエンゼルスにいた時はアメリカウェスト社（現在はアメリカン航空に統合）の機体でした。みなさんも乗ったことのある、前のほうにビジネスクラスがあって、後ろにエコノミーがある普通の旅客機です。

ビジネスクラスには、だいたい監督やコーチが座ります。選手は全体でエコノミーを3列使う感じです。席順は決まっているわけではありませんが、何となく暗黙の了解があってベテランが後ろです。

マリナーズはポール・アレンという元マイクロソフトのナンバー2が所有する、すべてがファーストクラスのチャーター機でしたが、エドガー・マルティネス、リッチー・セクソン、ブレット・ブーンといったベテラン選手が後ろのほうでした。私もその頃はキャリアを積んでいたので、そのあたりに座っていました。イチロー氏はキャリアに関係なく前のほうに座り、前にも紹介しましたが、お笑いのDVDを観て一人で笑っていましたね。

大谷選手はまだ若手ですから、おそらく前のほうに座っているはずです。ただ、彼はルーキーですから、しっかりイジられてもいるはずです。2018年の秋に、飛行機ではありませんが、移動のバスの中でヒット曲を歌わされたというニュースがありましたが（左

移動のバスでジャスティン・ビーバーのカバー曲を歌う動画が拡散
（YouTubeから）

の画像）、メジャーリーガーはその手のイジリが大好きなので、それをうまくこなすのはチームに馴染むためにも意外と大切だったりします。

とはいえ、ひと昔までよく報道されていた、服を隠されたり仮装させられたりするなどの行為は、最近は少なくなっているかもしれません。

多くの球団は9月にルーキーパーティーがあるので、そっちをメインにしていたりもしますし、近年は日本人メジャーリーガーの存在も知られてきているので「この選手は日本で実績あるんだから、やったら失礼だろうな」という空気もあると聞いています。

私の時はジャック・ハウエルという選手がいて、彼はヤクルトでもプレーしていたのですが「シギは日本でキャリアがあるんだから、仮装とかやらなくていいよ」と言ってくれました。

でも私は当時、27歳でしたが「正直、やってもらってええけどな」と思っていました。そのほうが手っ取り早くチームと仲良くなれるので、積極的にイジられて「あいつ面白いヤツやなあ」と思われたほうがいい。そのあたりもメジャーにアジャストするひとつのコツだったりします。

機内にはフライトアテンダントがちゃんといて、機内食を出してくれます。これも特別なものではなく、味もみなさんが想像できる範囲内です。空腹の若手選手は食べたりしていましたが、私は機内で食べ物を腹に入れるのが得意ではないので、あまり食べませんでした。

その代わり、マリナーズ時代はワイン好きのジェイミー・モイヤー氏がいいワインを持ち込んでくれていたので、それをいただいたりしました。彼とワインのことを「あーでもない、こーでもない」と話しながら移動したのは、メジャー生活でも指折りの思い出です。もちろんアメリカの国内線には、機内へのアルコールの持ち込み制限はありません（極端に度数の高いものはNGですが）。

あとは細かいことで言うと、マイルは貯《た》まりません。球団によっては家族も同乗できますが、これも暗黙の了解があって、やはりどの奥さんもニューヨークやボストンなど、人気の都市への帯同を希望します。さすがに全選手の家族を乗せることはできないので、そういう場合はやはりベテランが優先されます。

遠征地での楽しみ――イチローと出かけた寿司店

チームは月曜日のうちにカナダのトロントに着きます。同じ北米大陸とはいえカナダは外国なので、まずはパスポートとグリーンカードが必要になりますが、イミグレーションに並ぶわけではありません。

飛行機がランディングすると、税関職員が機内、あるいは移動のバスの車内まで来てくれて手続きをしてくれます。これも優遇されていて非常に楽ですね。

ただ、大谷選手はまだグリーンカードはないでしょうから、手続きに少し時間がかかるかもしれません。私も最初の2年くらいはビザでの移動だったので、チームメイトに、「シギの後ろは待たされるから嫌だ。お前、いちばん最後な」と言われて「なんでやねん」とは思いましたが、まあ、自分が逆の立場だったら同じようなことを言うでしょう。大谷選手も、ひょっとして最後尾かもしれません。待つといっても4～5分のことなのですが、これも細かすぎるメジャーの洗礼でしょうか。

トロントはいい街です。綺麗で、トロント・ブルージェイズのホームであるロジャーズ・センターも、街へのアクセスもいいですし、動きやすい。

私はトロントの遠征で「Hiro Sushi《ヒロスシ》」という本格的な寿司屋さんに行くのが楽しみでした。イチロー氏がお気に入りの店で、二人で3日連続で行ったこともあります。カウンターにしっかりしたネタのケースがあって、何を食べても美味《おい》しかった。試合が遅くなってもイチロー氏のために開けて待っていてくれたりしたので、それもありがたかったですね。大谷選手もひょっとして、もう行っているかもしれません。

そのトロントで火曜日、水曜日、木曜日と3試合を戦います。火曜と水曜はナイトゲームで、木曜日はデイゲームです。メジャーではそのカードの最終戦が昼間に開催されることはよくありますが、それはだいたい試合後に移動するためのスケジュールです。

3試合目の木曜の朝、ホテルをチェックアウトして球場に行き、バッティング練習などは省略していきなり試合をします。慌ただしいのでベテランの休養日に充《あ》てられることも多いですね。

試合が終わってから、週末はヤンキースとのゲームなのでアメリカに戻ります。トロントからニューヨークまでは、距離的には近いので移動自体は楽なのですが、着いてからの交通渋滞はかなりつらいです。平日の夕方から夜など、特に激しいかもしれません。

それでもニューヨークはご存じ、大都市ですから行くのはいつも楽しかったです。知り合いもたくさんいたので食事に連れて行ってもらいましたし、朝も楽しみでした。午前中にセントラルパークを散歩してラーメンを食べ、紀伊國屋《きのくにや》書店で日本の書籍を買うのが私のニューヨークでのルーティーンでした。

ただ、日程によっては、例えば金曜と土曜にナイトゲームがあると、日曜がデイゲームのあと移動するので、これは残念ながらエンジョイが難しいケースです。ナイトゲームのあとはちゃんと食事を摂《と》れるような店はもう閉まっている時間で、試合直後にクラブハウスでハンバーガーを食べるとか、バーで軽食を摂る程度しかできないことも多いです。

逆に言えば、理想は土曜がデイゲームで、勝ってから「NOBU《ノブ》」に行くのは楽しみでしたね。マリナーズ時代はJ・J・プッツや、ジェフ・ネルソンなどが特にお気に入りだった日本食のお店で、すぐ店名を忘れながらも「シギ、いつものあの店に行こう」と私に声をかけてくれていました。異国のチームメイトが寿司や和食を食べたいと言ってくれるのは嬉しいものです。彼らと談笑しながら寿司をつまんだのもニューヨークのいい思い出です。ぜひ大谷選手もチームメイトと行ってほしいですね。

宿泊するのはゴージャスなホテル

以上がビジター10連戦のトロント3連戦とニューヨーク3連戦のスケジュールですが、これでまだ半分ですから、やはり心身共に疲労は蓄積していきます。

最後はデトロイトでの4連戦です。今回、例に挙げたカナダとアメリカ東部の10戦はスケジュール的には正直、しんどいです。そこに救いがあるとすれば、2連戦で移動がないことです。私は2連戦が苦手でした。

ホテルに着いて荷物をほどいて試合をしたら、翌日は試合後にまた移動なのでパッキングをしないといけない。なかなか落ち着けないのです。2連戦が三度あるような10連戦だったら、4連戦を2回含んだ14連戦のほうが個人的には好きでした。どこへ行ってもホテルは快適ですし。

ホテルについては、よく「どんなところに泊まるの？」と聞かれるのですが、メジャーリーグは選手会が強いという理由もあり、どこへ行ってもホテルは高級で素晴らしいです。ウェスティン、フォーシーズンズ、ハイアットといったクラスで、もちろん一人部屋です。

そこに100ドルとか150ドルとかを自腹で追加のペイをすれば、部屋をスイートにグレードアップできます。ベテラン選手はホテルに家族を呼び、一緒に過ごしていることもありました。

これも細かい話なのですが、最初の頃はチップに戸惑いました。みなさんが旅行に行って迷うのと感覚的には同じです。日本人にとっては、慣れるまでは難しいですよね。

でも、我々の場合は、ホテルの従業員が球団のロゴマークが入っている荷物を部屋に運んでくれるわけです。大袈裟に言えば球団の看板を背負っているし、メジャーリーガーという夢を与える仕事に従事しているわけでもあります。

そこで1ドル札を渡したら、もちろんお礼は言われますが「この球団の選手はあんなに（年俸を）もらっているのに、これだけ⁉」って思う人もいるかもしれません。

だから私は5〜10ドルくらいは渡していました。

「荷物を持ってきてもらって10ドル⁉」と驚く方もいるかもしれませんが、私にとってはメンタルコントロールの意味合いもあります。

例えば2ドルを渡しておいて、その時に相手には悪意はなかったかもしれませんが、「Thank you」が小さな声だったとする。これでも私は意外と気を使ったりしますので、あとで、

「ケチやと思われたかな。2ドルじゃなしに5ドル渡したらよかったな」

そうやって一日中、後悔とまではいかなくても、気になるのは良い精神状態とは言えません。それだったら10ドルを渡して「あげすぎたかもな。でも彼も喜んでいたし、笑顔で気持ち良く仕事してくれたから今日はいいピッチングができるかもしれない」と自己暗示

の一種でポジティブに捉えたほうがうまくいきます。

実際、私がメジャーに来たばかりの時、エンゼルスの選手がそういうふうに振る舞っていたので、自然と私もそうするようになりました。ケン・グリフィーは、お礼がわりにバットをプレゼントしていたこともあるらしいです。彼らの道具は普通に何万円、十数万円するものなので、チップよりもよほど高くつくのですが。しかし大袈裟に言えば、これもメジャーの美徳もしくは伝統のひとつかもしれません。

やっとホームに帰ってきたと思ったら……

エンゼルスの遠征の話に戻ります。

デトロイトではおそらく、コメリカ・パーク（デトロイト・タイガースのホーム）の近くのディアボーンというエリアか、ダウンタウンのカジノ付きのホテルのどちらかに滞在することになります。ホテルは快適で、ギャンブルをする選手は割と楽しんでいましたが、何か他の趣味がないと少し単調な街かもしれません。

春はバスケットボール、秋はフットボールなど、タイミングが合えば他のスポーツを観に行くこともできるのですが、アメリカのプロスポーツはそれぞれシーズンがかぶらないように進行しているので、実はそこまでチャンスはなかったりします。

私はロックが好きだったのでコンサートを観に出かけたり、周辺にあるゴルフコースの情報を集めて午前のうちにエクササイズを兼ねてラウンドしていたりしました。

そんなふうに、「あの都市に行くとゴルフができる」とか、「あの街はホテルのすぐ近くに映画館がある」「気の利《き》いたライブハウスがある」とか、メジャー生活を何シーズンか繰り返すと自分の趣味と滞在を同調させられる楽しみ方も分かってきます。

そうすると、比例して野球の結果も良くなったりもするので、まずはいろいろな街で歩いてみたり、かつてそこでプレーしていた選手がいたら情報をもらうのもいいと思います。趣味を見つけるのは、メジャーリーガーとしても、引退後の過ごし方としても大切だと私は考えています。

デトロイトでも月曜から水曜はナイトゲームで、木曜日はデイゲームと移動。その4連戦を終えると、やっとホームのアナハイムに帰ってきますが、翌日の金曜からもしっかりホームゲームがあります。

実はこの帰ってきた直後のホームが、けっこうきついのです。

まずは時差があって眠い。ホームに帰ってきたという安心感はあるのですが、それがまた眠気を呼ぶ気がします。

スタメンの選手などはグラウンドに入ると、アドレナリンも出て意外と動けたりするのですが、私などはブルペン待機でしたのでつらかったですね。だからよくブルペン陣たちと、カボチャの種のスナックを食べて、その殻《から》を誰がいちばん遠くに飛ばせるかという、ちょっとしたゲームをしながら眠気をごまかしていました。

もちろんその日にもトレーニングやウォームアップをこなすので、それなりに身体は順応し始めるのですが、やはりしっかり汗をかいて眠るまでのセットで消化しないとコンディションは整いません。それでも試合は続いていく。考えてみると162試合を4月から9月の6カ月、約180日間でこなすわけですから、試合のない日は20日前後。それを待っているわけにもいかないので、試合をこなしながらトレーニング、休養、リフレッシュを自分なりに取り込まないといけない。それがメジャーでの暮らしです。今、考えると楽しかったですよ。「じゃあ、またできるか?」と聞かれれば別ですが。

「大谷選手へのアドバイス」を求められて

先日、日本の野球関係者にメジャーの移動のことを説明していたら、「本当に大変そうですね。大谷選手にアドバイスしてあげてくださいよ」と言われました。

ただ、何を伝えることがあるのかと考えてみると、難しい部分も多いのです。

前述の遠征地での過ごし方や、美味しい日本料理の店などはいくらでもアドバイスできますが、私はブルペンピッチャーで彼は野手、あるいは先発投手。スケジュールやトレーニング方法がそれぞれに異なってきますし、二刀流の調整方法なんて誰も知らないわけです。むしろ大谷選手が今後のモデルケースになるべき存在ですね。

大谷選手がエンゼルスに入団した時のマイク・ソーシア監督などは経験も豊富ですし、DHで起用する際はフレキシブルな野手を動かしてやりくりしていました。ベテラン選手のように移動日のゲームは休養、あるいは代打のみの出場というゲームもあり、起用法を模索していた印象を受けます。

大谷選手の2年目はブラッド・オースマス監督が指揮を執りましたが、投手としての登板はなかったので、まだ探《さぐ》り探りといった感じでした。

そのあたりは2020年以降、いろいろ試していくほかありません。

例えば、中5日で回す前提で、火曜日に先発したら水曜日は完全休養日。木曜日から土曜日はDHのみの出場に限定する。1日空けて、また先発する。バッティングを優先するなら10日に一度の先発にするなど、方法はいくつもありますが、誰も正解を持っていないわけですから。

だからこそ、その中で大切なのは彼自身がしっかり自身の疲労や状態を把握してチームに伝えること。これまで私が強調してきたように、彼はロースターに入っているだけでチームにプラス1のオプションを与える稀有《けう》な選手です。

「ああ、眠いけど、今、昼寝したら眠れなくなる」と自分で決めることも必要ですし、「今日は睡眠時間を少し減らして、明日しっかり眠れれば万全の状態で明後日にはマウンドに上がれると思います」とチームに伝えることも彼の仕事の一部なのです。

大谷選手の場合、その疲労の度合いが本人以外に想像も経験もできません。投げて休んでDHで打席に入って、また投げる。二刀流には「ベーブ・ルース以来」という枕言葉がつきますが、その時とは野球のスタイルも違いますし、近代野球になってからは彼が第一人者です。やり甲斐がありますし、何よりも今、日米で野球をしている子どもたちに「いつか大谷選手のように」と、大きな夢を与えているでしょう。

誰もやっていないとんでもないことが、今、現在進行形で行なわれているわけです。だから何よりも、怪我なくシーズンを走りきること。これが第一です。10勝しなくても、3割打てなくても、チームから離れないだけで彼の場合、貢献度は高いのです。そのためにも、まずはビジターの長期遠征をどう過ごすか。リラックスできる環境を作れるように、多くのものを見てきてほしいですね。

動くお金もメジャー級

前項では、文字通りメジャー級の移動を紹介しましたが、やはり輪をかけてメジャー級にとんでもないのは、年俸など天文学的なお金の話です。

2019年現在、メジャーで最高クラスの年俸を稼ぎ出している一人は、大谷選手の同僚であるマイク・トラウト選手です。

この春にメジャー史上最高の、12年・総額4億3000万ドル（約480億円）の契約を結び、そのメガ・ディールで全米を震撼《しんかん》させました。平均年俸に直すと約40億円。12年間の契約で、かつトラウト選手は「オプト・アウト」(Opt Out) という、複数年契約の途中で契約破棄をする選手の権利を放棄しているため、事実上キャリアの残りをすべてエンゼルスに捧《ささ》げる契約と言えます。

そんなエンゼルスの未来の中心にいるトラウト選手ですが、インタビューさせてもらった時、「数字にはあんまり興味がないんだよね」と言っていました。

自分の契約や成績より、チームが勝てればいい。そういう献身的で負けず嫌いな部分も彼の魅力です。だから480億円をもらうといっても、本人はどうでもいいとは思っていないでしょうが、あんまりピンと来ていないでしょうね。基本的にエージェント任せなのでしょう。

メジャーの選手の多くの交渉については、意外と簡素だったりします。エージェントが「3年契約で3ミリオン（300万ドル）を提示しているよ」「分かった。サインしよう」みたいな感じで進みます。細かな条件はエージェントが詰めて、本人は最終的な書類にざっと目を通して最後に一筆、サインする。そんな具合です。

そのあとも、お金のことはエージェントが提携している経理係に任せたり、そのエージェントが自身で処理したりします。

ちなみにですが、アメリカの所得税は累進課税《るいしん》制度で2018年現在、最高税率が37％です。これはフェデラル・インカム・タックス（Federal Income Tax）、つまり国税ですね。それに例えばエンゼルスなら、本拠地であるカリフォルニア州のステイト・タックス（State Tax／州税）が加わります。確かカリフォルニアの高額納税者は、最高税率で13％ほど取られるはずです。

つまりトラウト選手は4億3000万ドルのうち、37＋13＝50で、約半分を税金として納めないといけない。実に2億ドルを納税するというのも、メジャー級なのではないでしょうか。

やはりカリフォルニアやニューヨークなど、大都市におけるステイトタックスは高いですね。逆にマリナーズのあるシアトル（ワシントン州）はゼロだったりします。なので、総年俸が大きいドジャースのA選手よりも、年俸で劣《おと》るけれどシアトルのB選手のほうが手取りでは高級取り、なんていうケースが出現します。それもメジャーならではのことで

アレックス・ロドリゲスが経営する投資会社のウェブサイト。事業分野は不動産、フィットネス、メディアなど多岐にわたる
（http://www.arodcorp.com/）

す。

余談ながら、日米でサラリーをもらっていた身として感覚を述べさせてもらうと、日本で1億円もらうよりも、アメリカのほうが若干、残るかなという感じです。

そのとてつもない金額をトラウト選手がどう使うかは分かりませんが、最近はしっかりしたブレーンをつけて投資する選手も増えてきました。私が現役だった10～15年前は、それほど多くはありませんでしたが、アレックス・ロドリゲス氏などは当時から優秀なブレーンを雇って、不動産を扱っていました。今は彼がファウンダー（創業者）である「A-Rod《エイロッド》 Corp《コープ》」という投資会社も大きくなり、すっかり投資家の顔になりました。

ただ、こうして成功した選手の話題は表に出てきますが、浪費したり騙されたりで莫大《ばくだい》な財産を失ってしまうこともあります。怖いというか面白いのは、お金を稼ぐとそれ以上にお金を借りることができるようになってしまうのです。

300万ドル持っていたら、400万ドル借りることができてしまうケースもある。しかしそれはあくまで借金ですから、財産と勘違いして使ってしまって破産する人もいました。

あとはビジネスを始める人も必ずいます。身近なところで言うとレストランですね。私の周囲にも、元選手か現役かを問わず寿司店、ラーメン店、焼肉店など、「挑戦してみたいんですが」と言う人がいました。私の知る限り、勝負して成功した例は2割に満たないと思います。

考えてみれば、ずっと野球をしてきて、ちょっとお金を稼いだからといって畑違いの飲食業をやるのは、小さい頃から野球で積み重ねた努力以上に蓄積やセンスが必要です。

そういう時、私は必ず「野球と同じくらい、努力してそのビジネスを愛せるなら挑戦してみたら？」とアドバイスします。そうすると多くの選手は「考え直します」と、そこで改めて難しさと向き合ってくれますね。

日本社会より良くできた（？）年金制度

お金のことで言えば、メジャーリーグは年金の数字も大きいです。そしてこの制度は非常に良くできていて、透明性も高い。

まず興味深いのは、年金のシステムやディテールは、公式サイト「MLB.com」の中に「Pension《ペンション》 Benefits《ベネフィッツ》」（年金給付）の項目で、30ページ超を割《さ》いて明記されています。専門用語や具体例なども多く、かなり難解ですが、非常に勉強にもなります。英語や数字に強い人は、ぜひご覧になってみてください。

細かい金額は、景気やＭＬＢの収支などによって左右する可能性はあるものの、基本的なルールと数字は大きく変動しないはずです。以下は私の体験による大まかな説明ですので、ご了承ください。

メジャーの年金は10シーズン、フルにメジャー登録をして働いた選手に満額が支払われるものです。マイナー扱いの期間は除外されます。逆にＤＬ（故障者リスト）に入っていても、その間はメジャー登録ではあるのでカウントされます。

満額は、前述のように多少の前後はありますが年間20万ドルを超えるくらいです。仮に1ドルを105円で計算すると、約2100万円が12分割で62歳から毎年、その選手が死去するまで支払われることになります。生涯年金ですね。しかも、その選手の没後も配偶者のみ相続することができます。非常に手厚いペンションと言えるでしょう。

日本人選手でこの満額を受け取る条件を満たした、つまりメジャー10年のキャリアを重ねた選手は、今のところ野茂英雄氏、松井秀喜《まついひでき》氏、大家友和《おおかともかず》氏、そして先日、引退したイチロー氏の4人です。

私はそれに次ぐ9年のメジャー生活を経験しました。もう少しで満額だったので引退時、周囲からはそれを惜《お》しむアドバイスが多くあったのですが、それでも年に約18万ドルを62歳から毎年、受給できるはずです。こんな世の中ですので安泰とは思いませんが、心強い存在であることは確かですし、頑張ってプレーしてきて良かったなとも思います。

お金の出どころ——日本で言う「年金基金」ですが、すべてのメジャー契約をしている選手の年俸から少しずつ集めています。今はレギュレーションが変わっているかもしれませんが、私が現役だった頃は年俸の5～10％を払っていた記憶があります。払っていたというか、正確には積立金としてすでに差し引かれた分がサラリーとして振り込まれていました。私のサラリーはスター選手に比べるとそこまで大きな数字でなく、それでも受給額はスター選手と同額なので「サラリーの低いほうがペンション的には得やな、儲けたな」と同程度の年俸の選手と冗談を言い合って笑っていました。

そして、このシステムで「Pension Benefits」を運営している限り、まず破綻しません。生活に十分な年金額を受給するには、少なくとも5シーズンはメジャー選手としての活動が必要ですので、メジャー全選手を分母とすると、収支的にはマイナスには決してならない。ご存じのように選手の代謝《たいしゃ》が速い世界ですから、5年、そして10年を超える現役生活を過ごせる選手は驚くほど少ないのです。そういう意味でも、年金満額というのはひとつのステータスになるかもしれません。

ただ、おそらくイチロー氏も含め、満額の条件を満たしたメジャーリーガーの多くはスーパースターかつ高給取りですし、システムも難解なので、自分がいつからいくらもらえるかということを正確に把握している人はほとんどいないでしょう。

今や全米に日本人メジャーリーガーが散らばり、彼らの奮闘で楽しませてもらうシーズンが続きますが、その中で年金満額、10年のキャリアを次に達成する選手は誰なのか。大谷選手はいつ頃、満額に達するのか。メジャー観戦のスパイスとして意識してみると、さらにメジャーが面白くなるかもしれません。

数字やお金ついでに、日米の〝お勘定〟の差について紹介します。これは割と単純で、払いっぷりのいい人はアメリカにも日本にもいますし、逆も然《しか》り。どちらの国にもケチはいます。

オリックス時代、特に新人だった頃は佐藤義則《さとうよしのり》さん、星野伸之《ほしののぶゆき》さんなどによく食事に連れていってもらいました。

もう25年以上前なのでプロ野球もまだ牧歌的《ぼっかてき》というか、バンカラの名残《なごり》があったというか、とにかく気《き》っ風《ぷ》のいい先輩が多く、本当にお世話になりました。

だから日本にいた時は、そこまで会計時のことは記憶がありません。ほとんど先輩が払っていました。

そこでメジャーに行ってから難しかったのは、年齢もキャリアもバラバラだったことです。当時、クローザーだったトロイ・パーシバル選手は割と兄貴肌のキャラクターで、よくご馳走になりました。私より1歳年下でしたが、サラリーは私の数倍もらっていましたし、「これは逆に財布を出そうとするほうが失礼だな」と判断しました。

逆に私は、そこそこもらうようになってからは、トレーニングコーチやトレーナーなど裏方のスタッフを意識して誘うようにしていました。やはり日頃の感謝もあるし、少しでも恩返ししたかったのです。

イチロー氏と食事に行く時は、どうでしたかね……。一応、私がオリックス時代からの先輩なので、私が出すことのほうが多かったです。

あとは前にも紹介したように「寿司食いに行こう」となると、日本人の私が中心でした。寿司は当時から人気のご馳走でしたから。

食事はだいたい、日本人同士とかドミニカン同士とかの国籍別、もしくは先発陣、ブルペン陣、野手陣などポジション別のグループで出かけます。でも、寿司の時だけはなぜかみんな一緒でした。

マリナーズに所属している時、アナハイム遠征で一度、大人数で出かけたことがあります。アナハイムは日本人も多いので和食のレベルが高いのです。せっかくみんな来てくれるし、いつも助けられているチームメイトですから奮発していいお店に連れていったら、ラウール・イバネスとか、マイク・キャメロンとか、食うわ食うわ。

「このツナ、最高だな」

と言ってトロをバクバク食べていました。彼らはやはり白身とか貝類より、脂《あぶら》の乗ったトロが好きみたいです。ナイトゲーム前だったので「たいがいにしときや。腹、壊すで」と言いながら、私は巻物とうどんなどを食べていたのですが、彼らは「大丈夫、大丈夫」と言って次々に握ってもらっていました。

会計はびっくりするくらいの額になって「食い過ぎや！」と、笑いながらも彼らを怒っていたのですが、試合前になって、彼らは報告しに来るんです。

「シギ、おかしい。腹が痛い」

別に寿司ネタが悪かったわけではありません。でっかい身体をしていても、あれほど生ものを試合前に食べれば消化器を刺激するのは当然です。「だから言ったやんけ！」と、また怒っておきましたが、あの日の思い出は今も彼らに会っても笑い話ですし、彼らも

「あの時の寿司は最高だった。また連れてってくれ」と言います。また同じことをしそうなので、連れては行きませんが。

04

第4章

日米の野球教育を比較する

１００回の記念大会を超えた夏の甲子園。その役割とコンテンツとしての価値は、回を追うごとに変化している。球界にとって大きな存在で、日本人にとっては欠かせない風物詩であることは間違いないが、近年は過密日程や選手の酷使などが疑問視されている。改革案を提示すると同時に、日米比較を通して育成年代のトレーニングのあり方をもう一度、見つめ直したい。

大谷クラスを育てたいなら、甲子園は目指すな

先日、アマチュアの指導者の方に「大谷翔平選手のような怪物はどうしたら育つのでしょうか」という質問を受けました。

その時、私は正直にこう答えました。

「大谷選手のような二刀流の選手の育て方は分かりませんが、メジャーのマウンドで長く投げるピッチャーを育てたいなら、あるいは大きく構えてフルスイングでメジャーのスラッガーに負けないダイナミックな打者を育てたいなら、まず甲子園を目指さないことでリスクは減らせると思います」

その方はキョトンとしていましたが、甲子園という存在が日本の球界の中では大きくなりすぎて、ピンとこないのかもしれません。近年は特に過密日程による球児の酷使が指摘されます。

特に夏の大会は〝災害級の酷暑〟とも評される気候の中ですので、そこでプレーするのも、スタンドで応援するのも危険なのではないでしょうか。２０１８年からはタイブレーク方式（延長13回以降は無死一、二塁でイニングがスタート）が導入されましたが、これも十分ではないと私は考えます。選手たちの負担を軽減するというより、運営上の都合なのでは、と勘ぐってしまうくらいです。

選手の負担を本気で軽減したいなら、まずは日程を見直すべきです。

大会自体を長期化するのもひとつの案です。

具体的には夏休みに入ってすぐ、7月の後半から8月頭にかけて1回戦から3回戦を戦い、準々決勝からは週末開催にする。そうすれば中6日、悪くても中5日で、投手をはじめ選手は休養をとれます。準々決勝は土日で2試合ずつの開催にすれば、阪神タイガースはナイトゲームもできますし、合理的なのではないでしょうか。

その場合、勝ち残った学校の交通費などは高野連が負担する。もともと甲子園の外野席は無料で、私はここに課金すればいいと思っていました。あれだけ面白いゲームを観戦できるのだから、文句を言うファンはいないでしょう。また「このチケット代が代表校の交通費になるんだ」という意図があれば、ファンにも「我々が選手を守っているんだ」という自覚が芽生えるかもしれません。2018年の第100回大会から、甲子園の外野席が有料化（大人500円、子ども100円）されたことはご承知のとおりです。

日本のスポーツ界は、特にアマチュアスポーツに対して「アスリートを育てる、守る」というファンの意識が欧米に比べるとまだまだ希薄です。甲子園という大きなコンテンツから意識改革を起こせば、日本のスポーツは飛躍的に良くなると私は信じています。

自身の甲子園体験から

その一方、私は甲子園の存在自体は素晴らしいもので、東洋大姫路高校の在学時に三度、兵庫県代表となってあの舞台にたどり着いたことを誇りに思っています。当時は現在

1986年8月、夏の甲子園開会式で。旗手の後方、中央が著者

のようにスカウト網も発達していなかったので、甲子園に出場していなかったら私のプロとしてのキャリアがあったかどうかは分かりません。

ただ不思議なことに、3年の夏の第68回大会でマウンドに立った時の、詳細な記憶がないのです。

「たくさんお客さん入っとるなあ」
「これが銀傘《ぎんさん》か。でっかいなあ」

そういう断片的な、漠然とした感傷のようなものはありますが、肝心の自分のピッチングは5回くらいまで一切、覚えていません。大会後にテレビの映像で他人事《ひとごと》のように確認しましたが、それを見てもまだ思い出せなかったくらいでした。福島県代表の学法石川《がくほういしかわ》高校との対戦だったのですが、一応、勝ち試合を作ったようです。日付は１９８６年８月13日でした。本当に勝って良かったなあ、と今でも思います。

私は中学時代に日本一になったゲームも、プロ初先発も、メジャー初登板も、メジャーのオールスターも、鮮明に覚えていますが、甲子園のあの初戦だけは例外です。野球人生であんなことは最初で最後で、極度に緊張していたのだろうなと思います。

ただ、そんな経験を十代でできるのは本当にいいことで、その後のキャリアで「甲子園に比べたら緊張してないな」と自己分析ができるくらいにマウンド度胸はつきました。

選手の将来から考えると、甲子園の最大のメリットはそこにあるかもしれません。学生スポーツながら5万人近い観客の歓声と視線にさらされるような舞台を踏むことは、世界中を見渡しても私は他に知りません。

だからこそ、時代が変わって野球も変わった今、甲子園も形を変えて進化していくべきだと私は強く願っています。私自身がそのような緊張感や勝負根性は甲子園のマウンドで学んだ部分はあります。でも現代では、そんなものはメンタルトレーニングで養《やしな》えばいいだけです。時代が変わったことを意識すべきで、１００回大会を超えた今こそ、甲子園は原点と現在地を見つめ直すべきなのではないでしょうか。

日本学生野球憲章には以下のように明記されています。

「各校がそれぞれの教育理念に立って行う教育活動の一環として展開されることを基礎として、他校との試合や大会への参加等の交流を通じて、一層普遍的な教育的意味をもつものとなる」

野球を通した教育の場であり、社会性を養う大会ということですね。研鑽《けんさん》し、ライバルたちとお互いを高め合う。とても崇高《すうこう》な理念だと思います。

しかし、それをベースとしながらも、近年はどうしても「ショーケース」（商品陳列棚）や「プロへの階段」という比率が高まってきたように感じます。これはその上のプロ野球というカテゴリーを目指す球児と、勝つためにいい選手を欲しい球団の思惑が一致しているので仕方のない部分はあります。私も甲子園で投げていた時、プロを意識していなかったと言えば嘘になります。

そして「全国高校野球選手権大会」という伝統と歴史を持った大会は、何を目的としているのか。育成や教育がメインなのか。商業的なものなのか。エンターテインメントなのか。その優先順位が見る人によって違うし、運営側も曖昧《あいまい》になっている、あるいは意図的にしているのかもしれません。

教育か、勝利か

もう少し言及すれば、選手の健康を害してでも真夏にやる理由、トーナメントでやる理由を誰が説明してくれるのか。これも不明です。夏にやるのは学校が休みだからという単純な事情かもしれませんが、そうであれば涼しい秋の週末に開催すればいい。

過密日程のトーナメント、もっと言えば日本一をどうしても決めないといけない理由もよく分かりません。主催の日本高等学校野球連盟と朝日新聞社（春の選抜は毎日新聞社）が「商業的なエンターテインメントであるから」と明言すれば、いわばショーの一種として一定の理解はできるのですが、どうしても教育や育成が建前に感じられてしまうのは私だけでしょうか。

併《あわ》せて特に私学で、甲子園に出るためには手段を厭《いと》わないという学校が出てきたのも、ここ20年くらいでしょうか。もちろん、「うちの学園は野球に力を入れていて、甲子園を目指します」という宣伝も営業もあるでしょう。全国に名を売るためには野球だけではなく、部活動での結果は近道のひとつではあります。

それでも、「選手の教育、育成と将来」と「甲子園出場あるいは勝利」は、決して天秤《てんびん》にかけられてはいけないものです。何よりも前者が重く、後者は前者のおまけ程度についてくるもの、という認識くらいでちょうどいいと私は思っています。

また、何年かに一度、マネージャーの存在――「マネージャーがベンチ入り」だとか、「グラウンドでノックのサポートをした」とかが必ず論争を引き起こします。これも時代錯誤の部分は否《いな》めません。

甲子園が教育活動の一環であるなら、安全面さえクリアになれば多くの経験をさせるべきでしょう。

現代の高校野球はどんどん進歩していて、「うさぎ跳びでグラウンド10周」「水を飲むな」などという話は漫画の世界だけになりました。トレーニングも進化し、補水や補給食は当たり前です。マネージャーがストップウォッチ片手にトレーニングのサポートをしながらその準備をして、記録やスコアをつける。それを熱心に3年間やってくれるというのは、並大抵のことではありません。マネージャーは立派な戦力ですから、それを尊重すべきです。

女子マネージャーの存在を「かわいいから」とか「癒《いや》される」とか、そんな浅い論調で片づける乱暴な意見も目につきましたが、それこそ、そういう世界は漫画だけでいい。

せっかく甲子園という大舞台に立てるわけですから、球児同様にマネージャーもその経験を活かさないともったいないですね。そして、それを活かすことができる社会が受け皿としてあるのが理想ではないでしょうか。前述のようなタスクをこなすのは優秀な学生でないとできません。そこをもっと評価して、進学や就職にプラスになるように大人が捉えるべきです。

そういう意味では、数年前に石川県の日本航空高等学校石川のマネージャーがキャビンアテンダントをモチーフにした制服姿でグラウンドに立ち、ナインと共に戦ったニュースを読んで「その手があったか!」と舌を巻きました。

その経験と実績は生徒自身のキャリアにもなりますし、学校の宣伝としても作用する。

誰も傷つかない好例と言っていいのではないでしょうか。甲子園という舞台の可能性はまだ眠っていると私は思いますし、そういったアイデアはどんどん採用すべきだと思います。

アメリカでは学生スポーツでも、チームにはトレーナーやマネージャーがいます。もちろんその中には女性もいます。彼らは選手と同様に「将来、ＭＬＢでチームを支えたい」であるとか「ホッケーのチーム運営に携《たずさ》わりたい」という具体的で大きな志《こころざし》を持って、日々、グラウンドに出ています。

日本の女子マネージャーも、その人自身のキャリアとして「〇〇高校野球部でマネージャー」と認める。それによって、また甲子園が有意義なものになりますし、そこに新たなドラマが生まれるのではないでしょうか。

夏の甲子園が１００回を超え、多くの人に愛されているコンテンツだからこそ、「伝統」という名のもとで変化を恐れるのではなく、さらに素晴らしい大会になってほしいと切に願います。

「毎日300球」が日本の球児のイメージ

過密日程、甲子園のあり方などは、組織や体制を大きなビジョンで見直して変えていく必要がありますが、良くも悪くも甲子園というものが肥大化しすぎてしまったので、時間がかかるかもしれません。

それとは別に、一刻も早く解決しないといけない問題があります。それは「投手の肩や肘の酷使」です。「対策を練る」といったレベルではなく、明日にでも対策を実行しなくてはいけません。

ここ20年での甲子園に限って調べてみると、2週間前後の一大会で500球を超えて投げている投手が常に5人以上、存在します。

身体のできたプロでさえ、中6日で100球と考えると最大で300球。それを成長途中の高校生が7試合で900球とか、5試合で700球といったペースで登板しているのです。その中にはもちろん、連投も含まれています。

まだ現役の選手も多いので具体的に名前を挙げるのは避けますが、高校時代に投げすぎの球児がその先のカテゴリーに進んでもローテーションを守り続けているか、プロの世界で甲子園同様にチームを勝ちに導《みちび》く投球ができているかといえば、必ずしもそうとは言い切れません。

メジャーに渡った投手の球数もピックアップしてみます。ダルビッシュ有投手（東北高校）が５試合で５０５球。田中将大《たなかまさひろ》投手（駒大苫小牧《とまこまい》高校）が６試合６５８球、松坂大輔《まつざかだいすけ》投手（横浜高校）も６試合で７６７球を投げています。

彼らもまだまだ現役の投手なので、うかつなことは言えませんが、３投手とも手術を経験したり、活躍できない１年を余儀なくされたりと、不本意なシーズンが共通して存在します。

逆にメジャーのスターターとして複数シーズンにわたってローテーションを守った投手といえば、第２章で紹介した野茂氏（大阪府立成城《せいじょう》工業高校／現成城）、黒田氏（上宮《うえのみや》高校）あたりが挙げられますが、この２投手は甲子園のマウンドを経験していません。

もちろん、「故障の原因は甲子園だ！」と短絡的に結びつけるのは危険です。ただ、まったく関係がないと言えないことも確かです。

少し話が逸《そ》れますが先日、アメリカ人の友人とゴルフをラウンドしていて、少しミスが出た時に「最近、アイアンの調子が悪いんだよ」とこぼすと、野球にも詳しい彼は「よし、今日も明日も300球打ちなよ。それが日本式なんでしょ」なんて冗談を飛ばしてきました。それはもちろん悪気もないし、悪意もない親しい友人同士のジョークです。

スパイスは効いていますが、日本のことをバカにしているわけでは決してありません。それでも「とにかく投げ込む、激しい練習を毎日積む」という、日本の球界に対しての認識であることは間違いないです。私も心からは笑えなかった覚えがあります。

実際に、メジャーのスカウトは日本の高校野球でどれだけ肩を酷使しているか数値としてデータを持っていますし、「甲子園に出たピッチャーは故障する可能性が高いからコリアのピッチャーを探そう」と目先を変える球団も出てきていると聞きます。

日本では「甲子園出場経験」というのはブランドでしょう。単純に尊敬されますし、話題としても明るいものです。場合によっては就職活動などにうまく働くケースもあるかもしれません。

でも、アメリカの医師が日本の投手の肩や肘を診察すると「甲子園」というフレーズは限りなくマイナスに作用します。公言はしませんが「だからこんなボロボロなのか」と納得するそうです。

佐々木朗希投手の登板回避について

最近の球児で言えば、岩手県立大船渡高校の佐々木朗希投手が県大会決勝で登板を回避した際の論争がありました。

彼は素晴らしい素材です。

腕を大きく強く振るので、真っ直ぐはもちろん、握り方や投げ方を工夫すれば速い、あるいは曲がり幅の大きい変化球も容易に習得するでしょう。速い4シームで有利なカウントを作れば、かなり優位にマウンドを捌《さば》くことができます。

また、もう少しスムーズに体重移動して、ボールに対する力の伝え方を意識すれば、さらに良くなるでしょう。まだ荒削《あらけず》りで、そのポテンシャルも魅力のひとつですね。順調に成長すれば将来、年俸20億円レベルの右腕になる可能性を秘めています。

だからこそ、彼の勇姿を甲子園で観たかったというファンは多いでしょう。気持ちは分かりますが、彼の将来を考えれば断言できます。出ないほうがいいです。県大会決勝の登板回避は当然ですね。

しかし、佐々木投手の活躍を堪能《たんのう》するのは、今ではありません。「県大会決勝で登板すべきだった」と主張するのは、彼がメジャーに行ってとんでもないスラッガーに対峙する姿を見たくないのでしょうか。その興奮はひと夏の甲子園より格段に勝るはずです。

そういう意味では、チームの判断は論じる余地がなく正しいのですが、だとすればよく分からないのは、なぜ佐々木投手は4回戦で延長12回投げ抜き、194球を放っているのか。そこに疑問は残ります。

プロでも「先発完投」がエースの代名詞だった時代はとっくに去り、ブルペンの厚みがチーム力に直結する現代です。そこでなぜ時代錯誤とも言える登板を課されたのか。

もちろん本人の意思もあります。でも、まだ精神的にも肉体的にも向上の余地を残している高校生にストップをかけるのが指導者の大きな役割です。彼は岩手県大会の9日間で435球を投げていますが、こんな出鱈目《でたらめ》なスケジュールはプロにだってありません。

「球児全員がプロ志望ではないので、壊れても好きに投げさせてあげたらいい」という暴論を口にする人もいまだにいらっしゃいますね。しかし、そういう方には逆に問いたい。

プロ志望でない球児なら怪我をしてもいいのでしょうか。高校時代に投げすぎで、肘がうまく曲がらないまま社会人になった知人がいます。肩が回らないまま日常生活を余儀なくされている友人もいます。

スポットライトが当たってヒーローになれた球児はまだいいとして、ヒーローになれずに酷使だけされてその後の人生だけが残る。そんな球児の存在を考えるだけで胸が痛くなります。ファンや指導者は、選手がまだ十代の若者であることを理解しつつ、応援すべき――強くそう感じています。

若い才能を守るための対策

では、投手の肩を守るためにどのような対策が必要でしょうか。

球数制限もアイデアのひとつでしょう。二番手から五番手くらいまでの投手登録や登板の義務化の案も出ています。

しかし、具体的にイメージすれば、付け焼き刃のルール改正では、抜け道が簡単に見つかってしまいます。

例えば球数を制限すると、「ファウルでいくらでも粘ってエースをひきずり降ろしてやれ」という過剰な待球《たいきゅう》作戦や、ファウルで逃げる小手先の技術が注視され、初球から思い切りの良いスイングをする選手がいなくなる。野球そのものの面白さが損なわれる危険性は高いですね。

新潟県高野連が全国に先駆けて地方大会での球数制限導入を検討し、その後、撤回した一連の動きがありました。新潟県高野連は勇敢だと思いますが、その意図と重要性を全国の高校が理解、納得したうえで制度そのものを変えなければ山は動きません。

それを受ける形で、高野連は2019年春に「投手の障害予防に関する有識者会議」を開設しました。でも、その意見書が出るのが半年後で、非公開の会議もありました。閉鎖的で形式的、とすら思ってしまうのは私だけでしょうか。その間にも夏の甲子園が開催され、例年通り肘と肩に負担をかけている将来の大投手が何人もいました。

球数制限が必ずしも正解とは限りません。例えばアメリカの高校の監督を呼んでもいい。他競技の指導者の意見を聞く必要もあります。あるいは効果的なトレーニングをスポーツ外科医に提言してもらう。いずれにしても門戸を広げて、あらゆる可能性を様々な角度から迅速に探ることに意味があります。

また、同じく新潟県の帝京長岡《ていきょうながおか》高校の後藤凌太《ごとうりょうた》監督が、自身の経験から選手を守ることを勝利より優先させ、独自に球数制限を設けたというニュースを拝見しました。素晴らしい考え方だと思いますが、これがスタンダードにならないといけません。

一方で、この類のニュースは甲子園を盛り上げ、そこでお金を稼がないといけないメディアは積極的に報じません。それが現実です。

報道という意味では、メディアにもファンにも再考を促《うなが》したいと私は思っています。

日本のファンはどうしても、特に甲子園には「悲劇のヒーロー」的な存在を求めがちです。

それを熟知している報道も「鉄腕エース、延長15回投げ抜いた」「熱投１８０球」なんていうフレーズを美談として見出しに打つ。「ガラスのエース」などという存在はあってはいけないものですし、「志願の連投」を止めるのが報道やファンの役割なのではないでしょうか。

もちろん、そこには前述のように様々な事情があるのは私も承知しています。

例えば私学は、彼ら選手を広告塔として使って進学志望者を獲得するという経営手法を採用しています。その目先を少しだけ変えて、「エースの連投を避け敗れはしましたが、我々は選手の将来を第一に考えています」という宣伝の仕方にすれば訴えるところは大きいのではないでしょうか。同時にメディアも「素晴らしい監督の指導で高校野球はそうあるべきだ」という記事も積極的に配信すべきです。

だから私は保護者から「息子が野球をやっているのですが、進学するにあたってどんな高校を選べばいいか基準を教えてください」といった相談を受けた際に、シンプルに答えています。

「連投させない指導者」

「連投させる指導者は雇わない学校」

もう少し言えば、具体的な指針を出している学校です。

「投手のブルペン投球は最大で60球。試合でも、たとえ完全試合をやっていようとも100球は絶対に超えない」

「練習は毎日3時間。月曜日は完全休養。木曜日は座学」

学校や指導者の持つ甲子園優勝回数、出場回数などにまったく意味はありません。甲子園という言葉の大きさに振り回されず、どうか冷静に判断してほしいものです。

甲子園という呪縛《じゅばく》から離れて、本物のスラッガーを

現代の高校野球に脅《おびや》かされているのは、投手の肘と肩だけではありません。野手や打者にもリスクはあります。

夏の甲子園終了後、大会優秀選手で組んだ高校選抜チームはアメリカ遠征を敢行《かんこう》しています。

私は現地で協力し何度も観戦したのですが、同じく現地で観戦していたアメリカの指導者に「日本のバッターは、バットコントロールは良さそうなのに構えが小さいな」と指摘されました。

彼らは地方予選を含めれば、世界でも最大級のトーナメントに参戦し、甲子園を目指し、そこでまた一試合でも多く戦うために、努力しています。

そしてそのトーナメント戦では、どうしても「まずはバットに当てること」が優先され

てしまいます。速球にちょこんと合わせておけば金属バットなら反発力で外野に飛びますし、ゴロになってもイレギュラーやエラーで出塁できるかもしれません。

とにかく塁に出て、バントで送って犠牲フライでも進塁打でも点を取ってリードを奪う。確かに短期決戦であればそれが正解なのかもしれません。

しかし、それでは甲子園で通用しても、世界を熱狂させるスラッガーは決して誕生しません。

野球の原点はボールを遠くに飛ばすことにあり、それは今も人を最も熱狂させる、揺るがない部分です。そのためにはバットを後ろに大きく構え、当てに行くのではなく、しっかりバットを振り切ることが必要です。

高校生は筋力も未発達ですから、ひょっとして十代では結果はなかなか出ないかもしれません。それでも強い素振りを繰り返して土台を作るというトレーニングは、この時期にしかできません。

ミートやバントの練習はその先、いくらでもできます。成長年代での強いスイングこそがスラッガーを育てるわけです。最近はそういう強いスイングを推奨する高校も出てきて、バントの場面も減った気がします。バントが駄目だというわけではありませんが、ビッグイニングが生まれたり大逆転勝利もあったりで、「1点を守り勝つ」という時代は終わりつつあるのかもしれません。

そのためにも、これも数年に一度、必ず話題になる「サイン盗み」も今すぐに根絶させるべき問題です。

真偽のほどは定かではないですし、あるともないとも明言できない部分もあります。それでも私がハッキリと言えるのは「スポーツマンシップとしてどうか、それ以前に人としてどうか」という意見です。

あの学校がしている。あの選手の動きはおかしい。

――などといった特定は不要ですし、特に意味はありません。それよりも高野連と審判団、指導者も含め、とにかく疑わしい行為はその場で厳重注意し、厳しく罰するべきです。

それはルール遵守《じゅんしゅ》や試合運営の面からも当然ですし、何よりも選手の成長を妨《さまた》げます。

例えば、ランナーがサインを盗んで最低限、キャッチャーの構える位置だけでもバッターに伝える。するとランナーや点差、カウントなどの状況から、「アウトコースに直球が来る」などといった予測ができてしまいます。

それはチームにとって、その瞬間は有益な情報ではありますが、将来的に選手のためにはなりません。

配球を読む駆け引きや、来た球に反応する対応力の成長を放棄する行為ですから、極端に言うと「サインがないと打てない選手」ができてしまいます。このあたりの目先の勝利を求める根強い悪習も改めるべき問題なのではないでしょうか。

もっとも近年では、強いスイングを心がけていて、サインを出さない高校も増えました。

そういうチームには必ず、まだ荒削りながら、サイズにも恵まれた素材を見かけます。特に捕手やショートといった強い肩を備えた将来有望で、日米共通して欲しいタレントである「打てる捕手」や「打てる遊撃手」の出現に期待が高まります。

日米のスラッガーはファースト、サードあたりに固定されがちですが、それはこの年代ではもったいない側面もあるのです。

本来、ショートはチームでも特に身体能力が優れている選手が入るポジションです。少し乱暴な言い方になりますが、ファーストはプロに行って、あるいはプロでキャリアを重ねてからコンバートされても十分、守れると思います。ましてや、もともとショートを守っていた選手だったら、なおさら容易にアジャストできる。その逆は難しいので、行けるところまでショートで育っていってほしい。そして指導者も選手本人も、勝利至上主義の甲子園から脱却して「大型遊撃手」「メジャーで通用する捕手」の夢を追ってほしいですね。

ＭＬＢが作成したガイドライン「ピッチスマート」

「日本学生野球憲章」というものがあります。

第２条の「基本原理」には「部員の健康を維持・増進させる施策を奨励・支援し、スポーツ障害予防への取り組みを推進する」という一文がありますが、これをすべての野球部が遵守しているかといえば、どうでしょう。

また、同じく第2条には「学生野球は、学生野球、野球部または部員を政治的あるいは商業的に利用しない」という記述もあります。私学は選手を広告塔にしていないでしょうか。甲子園出場至上主義の経営と指導が展開されてはいないでしょうか。

この憲章が、形骸化《けいがいか》と言うと言いすぎかもしれませんが、ともかくもっと具体的なものを掲げて、まず第一に選手を守るべきだと私は考えています。そのためにも日程や球数だけではなく、日々のトレーニングも変えてゆくべきです。

いくら甲子園が得がたい経験のできる舞台とはいえ、アメリカのアマチュア野球の関係者が現状を知ると、中には「abuse《アビユース》」、すなわち「権力や才能を悪用する、虐待する」という強い言葉を使って驚く人もいます。

そのあたりはアメリカの教育機関、例えばＮＣＡＡ（National Collegiate Athletic Association／全米大学体育協会）や、ＮＦＨＳ（National Federation of State High School Associations／全米州立高校協会）は厳格にトレーニングの時間を定めています。

カテゴリーや季節にもよりますが、1日最大6時間とか、週で30時間とか、チームとしてのトレーニング時間の上限があります。

おそらく、すべてのチームが1分たりともオーバーしていないでしょう。共通で明確な目安があれば公平ですし、選手自身も保護者にとってもオーバーワークの心配が軽減されます。

投手で言えば、アメリカの高校は週に1試合しか先発しません。ブルペンで投げないことも多いですが、投げても30〜40球くらいで、ブルペンに入った翌日は肩を休めます。例えば土曜日が試合だとしたら日曜は完全休養で、月曜はノースローのトレーニング。火曜と木曜にブルペンに入って、金曜はまたノースロー、試合直前に20球程度、感触を確かめる感じです。

ブルペンは練習というより調整の意味合いが強いですね。その代わり濃いものにしないといけないので、しっかり肩を作って臨む必要があります。

同じローテーションでリズムを作ることが重要視され、球速などは参考程度です。球数もいたずらに増やすのではなく、「イニングを伸ばすための実験」と言い換えてもいいかもしれません。

練習のブルペンで40球、試合で70〜80球を投げるとすると、週に120球前後です。これは成長を守るという意味で、いいバランスなのではと思っています。

このあたりの数字やバランスは、２０１４年にＭＬＢが医師をはじめとした専門家の意見を基《もと》に作成したガイドライン「ピッチスマート」に基づいています。年齢ごとに１日の球数の上限、その球数によって必要な休養日を細かく定めていて、例えば17〜18歳なら１日の球数の上限は１０５球。31〜45球を投げた場合は中１日の休養が必要で、76球を超えると最低でも中４日の休養が求められます。

基本的な考え方はメジャーと同じですね。普段はほぼ投げないで練習で調整して、試合で長いイニングを投げて肩を作る。高い集中力と目的意識を持っていないと実現しない練習と調整方法です。

ただ、注意しないといけないのは、この方法が日本の育成年代に必ずしもそのまま当てはまらない、ということです。野球を国技として掲《かか》げるアメリカの競技人口は２０００万人を優に超えると言われ、世界の競技人口の７割を有するというデータもあります。

つまり母数が圧倒的に多いので、少ない練習時間でも才能は一人歩きしてくれる側面があるわけです。また、その才能をスカウティングするスタッフも多い。磨かなくても光る原石がいて、それを発掘するハンターも豊富なのです。

日本の場合、どうしても選手が少ないので、ある程度の負荷をかけて才能を磨いて育てていかざるを得ない。その研磨と酷使が表裏一体というか、線引きが曖昧になっている部分は否めません。

日本の球児にとってどこが投げすぎのラインか、才能を伸ばすためにどこまでのトレーニングはOKで、どこまではオーバーワークか。そのあたりの目安や基準はあってもいいと思います。

〝全米ハイスクール・トーナメント〟は存在しない

育成年代のあり方として日米の大きな違いは、アメリカには甲子園のように全米のチャンピオンを決める、ハイスクール・トーナメントがないことです。

私の住んでいるカリフォルニア州の例では、州を南北に分けて、南カリフォルニアの優勝校を決めるだけです。

国土が広いという理由もありますが、アメリカのスポーツは総じて「十代は育成」という共通認識があります。保護者もファンも、南カリフォルニアのチャンピオンチームに対して「ナイスゲーム。君をプロで観るのを楽しみにしているよ」みたいな声のかけ方をします。

もちろん選手は負けず嫌いであっていいですし、結果に一喜一憂するべきです。

でも決して大人はそれに付き合ってはいけない。

仮にロサンゼルスの決勝で、A高校のB監督が「どうしても優勝したかったから」とエースのC投手を連投させ、チームはロサンゼルスのチャンピオンに輝いても、B監督は間違いなくクビで、街にはいられなくなるくらい批判されるでしょう。仮にC君が登板を志願しても、「それを止めるのが指導者の役割だろう」が、こちらの正論です。もっとも最近は、ほとんどの州で球数制限があるので、ルール的に連投などできませんが。

そういう土壌ですから、高校で完成される選手など、ほぼ皆無です。甲子園を観ているとサインプレーも複雑ですし、プロ顔負けの変化球を持っているピッチャーも多い。完成度という点では素晴らしいものがあります。実際に甲子園のあとに高校選抜がアメリカに遠征する日米野球でも、日本の野球は完成度が高く緻密《ちみつ》ですね。結果がついてくることも多いです。

しかし、アメリカのチームや選手は、この年代での結果をまったく気にしません。メジャーの舞台に立つ選手は早くて二十代前半、多くの選手は二十代半《なか》ばから最高峰の野球に挑戦します。

日本ではよく「高卒ルーキー、20年ぶりの2ケタ勝利」などと聞きますが、そんなことはメジャーではまずありません。伸びそうな若い才能を発見して、彼らをルーキーリーグからシングルA、ダブルA……と、それぞれのカテゴリーを経験させながら並行して身体を作り、メジャーで10年、20年と戦い続けることのできる選手として育てるわけです。

逆に言うと、ルーキーイヤーで完成している選手なんているわけがありませんし、十代でメジャーで戦えてはいけない。まだ身体が成熟していないのに、ハイパフォーマンスをするわけですから、絶対にどこかでひずみやゆがみに襲われます。そのあたりの成長曲線の認識が日米では大きく違うのは事実です。

その意識を甲子園に照らし合わせるとすれば「暑い中、あの年齢の子が頑張っとるわ」を「暑い中、あの年齢の子を頑張らせたらアカンわ」に変えるべき時かもしれません。

大きな節目を迎えて、我々の甲子園をより素晴らしいものにするために――。

100回大会を超えたからこそ、勝利至上主義からの脱却と育成への回帰へ大きく舵《かじ》を切る、あるいは戻すタイミングではないでしょうか。

「甲子園を目指さない野球部」の提案

ここまで高校野球と甲子園を私なりに論じてきましたが、やはり大きな問題として甲子園がコンテンツとして肥大化しすぎた部分は否めません。

郷土のアピール、私学の宣伝としては最高の媒体となっていますので、経営面や宣伝面で無視はできません。仮に、私も経営のみを考える立場だったら「あれ（甲子園）をうまく使えないか」という気持ちが一瞬、頭をよぎるかもしれません。

しかし教育者であれば、野球人であれば、お金よりも生徒の健康、選手の未来を優先しなければならない。というよりも比べることすら許されないでしょう。

最近は他競技でも、反則指示であるとか、パワハラ問題とか、指導者の質が問われていますが、「連投させるのは危険」と分かっていてなお、勝利のために投手をマウンドに送り続ける高校野球の監督についても俎上《そじょう》に載っていいのではないでしょうか。

そんな中、先日、ある講演で質問を受けました。

「もし長谷川さんが高校野球の監督に就任したら、どういうトレーニングをしてどんなチームを作りたいですか？」

これは意外というか、真剣に考えたことがなかったので面白かったですね。

しばらく考えて私が出した結論は「甲子園を目指さないチーム」でした。現在の勝利至上主義で商業主義的な甲子園から脱却するために、多くの人が真剣に考えているのは理解できますが、それならばいっそ発想を変えて「目指さない」というのはどうだろう、と気づいたわけです。

思えば、球児の輝く舞台が甲子園しかないというのはアンバランスですし、どこか画一的ですよね。

「野球やったら甲子園を目指さないと本気ではない」

そんな先入観や、「高校野球イコール甲子園」という図式をそろそろ捨ててもいいかもしれません。

誤解がないように補足しますが、私のイメージする「甲子園を目指さない野球部」は、勝ちにこだわらないわけではないし、プロを目指さないわけでもありません。

甲子園は先ほど挙げた「ショーケース」としての役割を終えようとしています。今はインターネットをはじめ、通信と情報の時代ですから、地方予選や練習試合だけでも有望な球児のリストは十分に作成可能です。甲子園に出なくてもドラフトにはかかります。

全球団のスカウトが甲子園のバックネット裏に集まって……という光景は、もうすでに昔話です。メジャーのスカウトも甲子園自体には注目していますが、それよりも今は所属している高校でどんな学習態度か、トレーニング量と肩の消耗度はどうか、というようなな、むしろ甲子園以外の生活に注目するようになっています。

大谷翔平選手が3年の夏の甲子園を逃して、メジャー関係者が揃《そろ》って胸をなでおろしたという話もあながち大袈裟ではありません。

だからこそ普段から、ミドルティーンの成長に合わせた適度の負荷のトレーニングを積んで、週末は実戦をする。週明けは完全休養日。そんなルーティーンでチーム作りをするのが理想です。

同時に総合的な野球の能力を上げたいので、ピッチャーとキャッチャーも含め、複数ポジションを経験してもらいます。バント練習は個人の判断でやるぶんには止めませんが、チームとしては最低限にとどめます。

先発完投信仰の終わり

そういうローテーションを作れば近年、話題の「オープナー」や「スターター」として投手起用なども積極的にチャレンジできます。

もともとは、メジャーではタンパベイ・レイズが始めたと言われるこの戦術は、救援投手を先発させて、ローテーション投手をロングリリーフに回すという継投でした。奇策として報じられることもありましたが、ブルペン投手が短いイニングで数試合連投すること、あるいは球数と疲労と相談しながら中1日で頻繁にマウンドに上がることは、肩を守る観点からも画期的なアイデアとも言えます。

レイズはこの小刻みな継投戦術をレッドソックスとヤンキースにぶつけて、ペナントを消化する時期もありました。日本でも日本ハムやDeNAが積極的に取り入れているので、だいぶ身近な選択肢になっています。おそらく日米でそのメリット、デメリットが解《かい》析《せき》されて、本格的に勝利への可能性と故障のリスクなどを中心としたデータのアップデートがなされるでしょう。完投信仰は終わり、野球は完全に継投の時代に入っています。

そうして出来上がるチームは一発勝負の、世界でも最大級のトーナメントである甲子園で勝つことはできないかもしれません。でもこの年代はそれでいいのでは、とも思います。大切なのは経験を積むこと。そしてそれに対してしっかり思考を持つこと。それはトーナメントではなく、シーズンを通した長いスパンでこそ育《はぐく》まれるものです。

負けたら終わりの甲子園への道では、どうしても強い打球を飛ばす打撃より、なんとか転がすバッティングが優先されてしまいます。ボテボテの内野安打でも、相手のエラーでも、とにかく塁に出て、それを送って内野ゴロや犠牲フライでとにかく1点を取る。エースのピッチャーが投げ、鍛え上げられた守備でその1点を守り切って勝つ。そんな野球になってしまいがちです。

決してその野球を否定するわけではありませんが、そうなるとプロになってペナントレースにアジャストできるのか。コンスタントに力を発揮する選手になれるのかという不安が残ります。

私が目指す野球部では、甲子園には出られないかもしれない。その代わりに、プロに入って活躍できるような、二十代の前半から中盤にかけて才能が開花するような選手の下地は作れると確信しています。

「では球児のモチベーションはどこで保《たも》つのですか？」

という鋭い質問が返ってきました。当然の疑問ですね。

そこは例えば、アメリカ遠征という、人参《にんじん》をぶら下げるという言葉は悪いですが、ご褒美《ほうび》を用意します。

まず練習試合や公式戦など、試合の勝率をしっかり出して、年間勝率を6割5分に目標設定したとします。それを達成できればシーズン終盤に渡米。そんなルールはどうでしょうか。

前述のように数試合ごとにポジションも入れ替える中で、チーム全体としてどういう戦い方をして白星を拾っていくか。一発勝負ではないので、連敗しないために対策を選手が考えるでしょうし、あるいは連敗している中で見つかるものもあると思います。

選手が主導し、大人は見守る

この野球部のあり方は、ただの私のアイデアです。しかし、現在の日本の高校野球に不足しているものがあるとすれば、選手主導のチーム作りだと私は考えていますので、それを埋めることもできるのではとも思っています。

大人はそれを見守り、方向がズレそうになったり行き過ぎたりしたら、それを諫《いさ》めるか注意を促すだけでいいのかもしれません。その注意の仕方も「アイデアは面白いけど、それは進むとどうなるか想像してみよう」といった、ヒントを与える程度が適度なのではないでしょうか。

甲子園という舞台には「坊主頭が爽《さわ》やかな、監督の指示に服従するひたむきな球児」というイメージがつきまとっていましたが、過去の話です。

「伝統」という言葉には重みがありますし、大切にしないといけません。しかしその一方で、積み上げてきたものだけに注目しすぎると向上するチャンスを逸《いっ》してしまうこともあります。選手や指導者、メディアや保護者、ファンがそれぞれ、より良い甲子園を育むために考えていくべきなのではないでしょうか。

05 第5章

メジャーリーガーの育て方

多くの日本人選手にとって「挑戦」だったのが平成のメジャーリーグだとすれば、令和に入ったこれからの10年、20年は「頭角」や「躍進」になるのだろうか。現役選手の現状から今後を占い、新たに海を渡る選手の可能性を探る。新時代におけるメジャーリーガーの資質とは何か。

一人の高額な日本人より、４人の〝お買い得〟なドミニカン

ここ20年、日本人選手は次々に海を渡り、それぞれこちらアメリカで活躍してくれています。

特に日本球界を代表する各球団のエースピッチャーは大きな金額を提示され、それに見合う成績を残している投手がほとんどです。私も元メジャーリーガーとして嬉しいし、誇りに思います。

ただ、よく誤解されがちなのですが、メジャー各球団は必ずしも「常に喉《のど》から手が出るほど日本人ピッチャーが欲しい」というわけではないのです。

もちろん、田中将大投手や菊池雄星投手の活躍はこちらでも大きく報道されていますが、それでも日本人投手の価値は右肩上がりというわけではありません。メジャー全体を冷静に見渡すと、相対的な評価はキューバやドミニカなど、中南米の国の選手のほうが正直、上でしょうか。アジアだと日本と韓国が同じくらいで、その下に台湾といった感覚です。

日本でリーグを代表する存在として移籍する投手は、メジャーではだいたい二、三番手のローテーションピッチャーとして迎えられます。FAなら年俸の目安は10～15ミリオン（1000万～1500万）ドルくらいでしょうか。

そのクラスのピッチャーが期待通り働いてくれるといいのですが、どうしてもメジャーの野球に合わなかったり、うまく結果が残せなかったりする選手もいます。それでも、例えばドミニカの選手は、結果が出なかったところで中継ぎでも敗戦処理でも何でもやってくれるのですね。彼らは祖国を離れて来ているわけで、大袈裟ではなく生きるか死ぬかがかかっている選手がほとんどです。そういった危機感やハングリー精神のようなものが根本的に違います。

それに対して日本人投手は、どこかで「ダメだったらまた日本で頑張ろう」というスタンスでの挑戦であることは、特に最近は否めません。もちろんそれは、野茂氏の頃とは時代も違いますし、日米間で移籍の制度もできました。

ある意味では日本の球界の進展なのですが、ダメだったら帰国してしまう日本人選手をメジャー球団は「潰《つぶ》しがきかない選手」とみなしてしまうケースも少なくありません。選手の獲得を決めるGMをはじめとしたフロント陣も、リスクを負わないといけないので、それなら「日本人投手を10ミリオンで雇うより、ドミニカンを4人獲って一人でもブレイクしてくれたほうが、ビジネスとしてはリスクが低い」と考えます。この思考は至極《しごく》、真っ当ですよね。

今後、日本からメジャー移籍を果たす選手はまだまだ出てくると思いますが、そうした日本人投手のマーケット的価値や、球団およびそのフランチャイズとの相性、GMの性格やチーム事情などと照らし合わせると、メジャーがもう一歩、深いところで分かってきます。

田中将大——ヤンキースの真のエースへ

これまで、イチロー氏など平成のメジャーリーグを盛り上げてくれた選手について書いてきましたが、ここでは令和以降のメジャーリーグを支える日本人選手を紹介したいと思います。

実績という意味では、ヤンキースの田中将大投手が頭抜《ずぬ》けています。２０１４年の加入以来、６年連続で二桁《けた》勝利を挙げていて、これは黒田博樹氏に並んで日本人最多タイです。現状ではヤンキースの右のエースと言ってもいいでしょう。ぜひこのままローテーションを守って記録を伸ばしてほしいです。

加入当時は「出してしまった」、つまりコントロールが定まらなかったり、勝負から逃げて歩かせたりしていた四球もあったのですが、それがシーズンを重ねるごとに「狙って」（と言うと少し語弊がありますが）、「歩かせてもしょうがない。振ってくれたら儲けもの」という想定の範囲内での四球に変わっていった印象を受けます。勝負も「逃げる」から「避ける」というインテリジェンスが加わりました。この思考があれば大崩れはそうそうしないのではないでしょうか。

そして、彼の能力の高さは目の肥《こ》えたニューヨークのファンにもこの数年で十分、伝わりました。彼も時々は打たれます。多少、期待通りの投球ができなくても、メジャーではストラグル（struggle）という言葉を使いますが、ファンは「長いシーズンだからたまにはストラグルすることもある。次は頼むぞ」のような信頼関係さえも生まれてきています。

欲を言えばイニングをもう少し重ねたいところです。野球には「イニングイーター」という言葉があって、これは文字通りイニング（Inning）をイート（Eat）する人、つまり長い投球回を投げ切ってくれる投手を指します。

田中投手は74勝を挙げた6年間で、981イニング1／3を投げました。年平均にすると163・5イニングです（以上は2019年9月1日現在）。決して悪くない数字ですが、真のエースになるためには年間180イニング、さらに200イニングに到達できれば、もっと評価が高まるのではないでしょうか。ヤンキース時代にローテーションを守っていた黒田氏は「しっかりと自分の仕事をするだけ」と語っていましたが、その通りですね。ヤンキースのような強いチームは、しっかり自分の投球回をまっとうすれば勝ち星はついてきます。

ローテーションピッチャーの理想は、80球から110球までの球数で、悪くても6回、良ければ8回までゲームを作ってほしい——それがメジャーの考え方です。最近は日本もこれに近い感じになってきましたね。

そのためには球数を減らす必要も生じてきます。もちろん、これまで通りに低めに落ちるボールで三振を取るのはいいのですが、横にズラすような変化でゴロを打たせて取る投球を織り交《ま》ぜてもいいかもしれません。あとはこれまでのシーズンで低めの変化球のイメージが多くのバッターにあると思いますから、そこを逆手にとって高めのボールを見せるのもひとつの手段でしょう。

個人的に楽しみにしているのが、彼のポストシーズン（レギュラーシーズン終了後のプレーオフ、ワールドシリーズ）の投球です。

彼の投手としての能力は疑いようがありません。ただ、先発投手というのはどこかで「シーズンは長いから」という感覚を持っているものです。場合によっては、それが無意識下の制限になっているケースがあります。

しかし、ポストシーズンのような短期決戦では、そのリミッターを振り切った投球がしばしば見られます。田中投手は、このリミッターを外した投球をプレーオフで披露してくれる一人なのです。

負けたら終わりという試合で彼が腕を強く振って投げれば、おそらく4シーム（速球）と縦に大きく割れるカーブとフォークだけで、だいたいの打者を抑えることができます。ぜひチャンピオンリングを手にしてほしい投手です。

前田健太――インテリジェンスに富んだ器用な投手

２０１６年にドジャースに加入した前田健太投手は、ルーキーイヤーから16勝を挙げる素晴らしい活躍でメジャー生活をスタートさせました。同シーズンのドジャースは怪我人が多く、１年を通してローテーションを守ったのはほとんど彼一人でした。素晴らしいデビューだったのではないでしょうか。

ロサンゼルスの街はアメリカでも特に住民が多国籍なので、人種など関係なくどの選手も応援してくれますし、チームには常にキューバ人、ドミニカン、プエルトリカン、コリアンもいます。そんな土壌は彼に合っていたのかもしれません。

私がドジャースに好感を持っている理由は他にもあります。

球団が野球をしっかりビジネスとして認識、分析し、明確なビジョンを持ってそれを実行していることです。

例えば２０１３年に、それまで放映権を持っていたＦＯＸ社との契約が満了になると、タイム・ワーナー・ケーブル社とすぐに新契約を結びました。25年間で総額70億～80億ドル（約７２００億～８２００億円）というメジャー史上でも過去最大級のものです。

メジャーリーグの利益の大部分は放映権にあり、こうした思い切った契約で分かるように、ドジャースはそのあたりの重要性と将来を見極めることができる球団です。

「前田投手獲得に１億ドル！」なんていう報道もあり、日本のファンは「まさかそんな高額な契約はないだろう」と眉唾《まゆつば》で見守っていたかもしれませんが、結果、最大１億６２０万ドル（１２７億４４００万円／８年総額）に達する出来高契約でサインしました。

それを支払ってもしっかり回収できる、と見込んでのオファーであることは間違いありません。

これについてはよく「スター選手の何億ドルの年俸や契約金、どうやって球団は捻出《ねんしゅつ》するの?」という質問を受けますが、ユニフォームは売れますし、スター選手がチームに来ればそれによって観客も増える。はっきり言えば、容易に回収できてしまうケースがほとんどです。

日本人選手の場合はプラスアルファも見込めます。例えば、松井秀喜氏がヤンキースに所属した際、ヤンキー・スタジアムには「読売新聞」や「KOMATSU」など、日本企業の看板が掲げられました。そういったマーケット面の相乗効果が期待されている部分があります。

また、ドジャースは過去に野茂英雄氏、石井一久《いしいかずひさ》氏、そして黒田博樹氏を連れてきて、どの投手も活躍しました。そのあたりのノウハウを活かすのも上手ですね。

前田投手のドジャースに入団してからの序列は、先発ローテーションの二~四番手くらいでしょうか。勝ち星は12~15勝で期待通りの成績といったところだと思います。ドジャースは強打のチームですから、防御率は4点台でもかまわないので、200イニングを稼いでくれたら評価もさらに高まるのではないでしょうか。

メジャー移籍時に「前田投手のピッチングはメジャーに通用するか」という取材が私のところにも何件か来ました。私の意見は「スピードは少し足りないかもしれません」でした。

前田投手の４シームはおそらく、92～93マイル（148～150km／h）くらいだと思います。日本では通用しますが、こちらでは正直、ドミネートピッチング（dominate pitching／相手を抑え込む投球）をするには物足りない。常に95マイル（153km／h）くらい出てないと、軟投派にカテゴライズされるのではないでしょうか。メジャーに挑戦し、成功したほとんどのピッチャーがそうであったように、どう自分を変えて高めていくか、が鍵になります。

例えば、黒田氏の場合は2シームに力があったので、これをピッチングに組み込んでカウントを稼ぐ球、あるいはフィニッシュのボールとしても使って成功しました。

前田投手の場合、具体的には4シームのキレとコントロールを徹底的に磨いて、グレッグ・マダックス氏のような投球を目指すか。あるいはロジャー・クレメンス氏のように急速と重さで勝負するか。どちらかの選択だろうな、と私は分析していました。

しかし、彼はその期待をいい意味で裏切ってくれました。曲がりの大きなゾーンの外に逃げていくスライダーを見せ、効果的に4シームと2シームで三振を取るシーンが目立ちました。

彼はルーキーイヤーのシーズン途中で、「打たれないと思った球を何度か打たれた」といったコメントを出していましたが、おそらくこれはスライダーのことでしょう。それをフィニッシュに使わずに見せ球としても活用していく。アジャストする能力は非常に高いですね。

黒田投手のメンタルを参考に

課題を言わせてもらえば、田中投手と同じくイニング数の増加です。中4日でフル回転しながら、200イニングを目指してほしい。そのためには、日本で空振りを取るのに有効だった縦に大きく割れるカーブも見せ球やカウントを整えるための脇役として、現実的には三振を捨てる――とまで言うと大袈裟ですが、バットに当てられることを怖がらずに2シームで内野ゴロ、あるいはポップアップ（フライ）を打たせるピッチングを目指すというプランがあります。

「The《ザ》 Professor《プロフェッサー》」の異名を持ち、通算355勝を挙げた前述のマダックス氏は、よく「究極の投球は27球でゲームを終わらせること」と言っていましたが、前田投手にはそこを目指して、とにかく無駄な球を減らすことが求められます。

メンタル面で参考になるのは、カープとドジャース、日米で彼の先輩にあたる黒田氏かもしれません。

前田投手とは少しタイプは違いますが、黒田氏が使う「バックドア」と呼ばれるボールからストライクになる2シームが彼の大きな武器になりました。見逃しのストライクを取れる球であり、もし当てられてもゴロが多かった。

もちろんメジャーのバッターはパワーがあるので、打たれることはあります。でもシングルを打たれても結果的にはフォアボールと同じですし、仮にホームランを打たれても極端な話「ソロなら、ま、ええか」といった、ある意味での開き直りを持っていました。

黒田氏に確認したことはないですが、メジャーのピッチャーはその類《たぐい》の開き直りや覚悟を共通して持っているとは思います。やはり極端な話、6回までに3本のソロ本塁打を浴びても、6回まで投げて3失点というクオリティスタート（QS）はつきます。

また、前田投手だけではなく、メジャーのピッチャーに共通して押さえてほしいのは「最低限でいいのでデータを利用すること」とでも言いましょうか、スカウティングレポートの有効活用です。

チームにもよりますが、メジャーの野球は相手をかなり分析してきます。例えば、よく左のプルヒッターに対して極端な守備位置を敷《し》くことがありますよね。三塁ベース上やレフト線に野手が誰もいない、といったシフトです。基本的にはあれと一緒で、打球の行方と同様、バッターごとのホットゾーンは必ずあります。

もちろん相手のラインナップ全員のデータを覚えるのは厳しいので、私は「3番のラミレスにはインサイドの低めは通用しない」とか、選手ごとのゾーンを登板前に頭に入れていました。そこを避けるだけでだいぶ成績も上向きましたね。

中にはイチロー氏のように「こいつ、どこ投げても打たれるやん」という妙《みょう》な（もちろんこれは褒め言葉です）バッターもいます。でも、そんな選手はさすがに9人のうち一人か二人です。さっさと初球でシングルを打たれて、次のバッターの苦手なコースを攻めるほうが理に適っていると私は思っていますし、ローテーションを複数年にわたり守っている投手生命の長いピッチャーの中には、そういった合理的な考え方をする人が多いです。

前田選手はとても器用で頭のいいピッチャーでもありますので、その思考はできる、進化をし続けられるメジャーの素養があると思います。どんどん変わっていく姿が楽しみです。

先発でエースか、ブルペンで〝最強の便利屋〟か

前田投手とは近年、ドジャースのイベントで一緒になったり、東京の飲食店で偶然、居合わせたりと、何かと縁があります。

それぞれ短い間の会話でしたが、やはりとてもクレバーな投手だなという印象を受けました。

決して口数が多いわけではないのですが、口にする言葉は的確で、まとまった分かりやすい話をしてくれました。こっちの言いたいことを理解したうえで、自分の意見をしっかり言える。そのあたりの資質はメジャーリーガーに必要なものですが、彼の場合、その能

力が特に高い。もう複数シーズンをこなしているので、当然といえば当然なのですが、そもそも地頭《じあたま》がいいのでしょう。話していて楽しかったですね。

ピッチングにも随所にそのインテリジェンスを活かしています。テンポよくカウントを整えてスライダーで空振りを取る。それができなければスライダーを見せて、速いボールでゴロを打たせる。自信を持ったいくつかのスタイルが備わってきたように思えます。

そのあたりに、ポストシーズンになるとブルペンに回る理由があると私は考えます。日本ではブルペン転向について、降格や先発失格といったネガティブなイメージを抱くファンがいるかもしれません。確かにそういう側面も一部ではあります。

ただ、前田投手の場合は必ずしもそうではありません。先ほども紹介したように、とても器用で聡明な野球選手ですので、スターターとして自分でゲームを作ることも、ワンポイントやセットアップといった他人が生んだシチュエーションで仕事をこなすことも、彼の場合は両方、可能なのです。決して器用貧乏なのではなく、高いレベルで両立していると言えます。

例えば、あるシーズンのドジャースのスターターを並べてみると、クレイトン・カーシヨー投手が問答無用のエースで、韓国球界を代表する柳賢振《リュヒョンジン》投手が二番手という時期がありました。前田選手は序列としては三番目だったかもしれません。

しかし、カーショー投手、柳投手は素晴らしいタレントですが、ブルペンに回る器用さを持ち合わせているかと言えば、ノーです。リリーフの経験は野球人生でもほとんどないでしょうし、シチュエーションごとに打開する能力を持っているかは未知数です。

また、今のメジャーのセットアッパーやクローザーのメインストリームは、速い、あるいは重い4シームで押してカウントを稼いでから、鋭く滑《すべ》るボールか、激しく止まり落ちるボールでフィニッシュという、ある意味ではパターン化しているきらいがあります。組み立てを考えたり、緻密なコントロールを要したりする投球ではありません。

しかし、前田投手はパワーもコントロールもある。現在の継投のパターンをいい意味で崩せるスタッフがブルペンにいると、状況と相手に応じて采配の幅も出るので非常に重《ちょう》宝《ほう》されるはずです。

実際、２０１７年と２０１８年は2年連続でワールドシリーズという大舞台のマウンドを経験し、ヒューストン（アストロズ）やボストン（レッドソックス）といった超スター軍団に真っ向から挑んで一定の仕事を果たしました。

もちろん、本人には「スタートとブルペン、どっちがやりたいの?」と、デリケートな質問をぶつけることはできませんでしたが、まずは自分がどちらの仕事にこだわるか、やりがいを感じているかは大切です。

先発にこだわるなら、長いイニングを意識してローテーションを守ること。特に野球で「エース」と呼ばれる人々は3巡目、つまりゲームの後半までしっかり相手打線を抑えることが求められます。3巡目を投球術で切り抜けることができるようになれば、序列も上がって「エース」と呼ばれる日が来るかもしれません。

逆に、3巡目から相手打線に対峙する、ブルペンでチームを支える選択も悪くはありません。先述のように心技体の資質は十分ですし、実績も積んできました。またブルペンピッチャーのほうが、身体にかかる負担が小さいケースも多い。器用なブルペンピッチャーは引く手数多《あまた》ですから、長く選手を続けられる可能性も高くなってきます。

どちらが良いという優劣の話ではなく、どちらをやりたいか。そして、どちらにメリットがあるのか。先発でエースを目指すか、究極の便利屋としてチームに貢献し長く野球を楽しむのか。

メジャーで生きていくというのは、ある意味では何かを捨てたり、逆に自分の一芸にしがみついたりすることです。

前田投手も、今すぐに決めないといけないわけではないですが、30歳を超えてキャリアやサラリーなども含め、自分の選手生活を大きなビジョンで考え出してもいい時期です。いい決断をして、いい結果を残してほしいです。

菊池涼介《きくちりようすけ》――日本人野手の可能性を広げるロールモデルに

田中投手、前田投手をはじめ、2019年は複数の投手がメジャーのマウンドで投げましたが、野手は春に引退したイチロー氏だけがメジャーのグラウンドに立っています。内野手はいませんでした。

前述のように田中投手が6年連続で二桁勝利を挙げる一方で、その間にNPB経由でメジャーに挑戦し出場した内野手は、川﨑宗則氏のみです。

さらに過去を遡《さかのぼ》っても、2シーズン以上連続して100試合以上に出場した選手は、田口壮《たぐちそう》氏（2004～2007年／セントルイス・カージナルス）、井口資仁《いぐちただひと》氏（2005～2007年／シカゴ・ホワイトソックス、フィラデルフィア・フィリーズ）、岩村明憲《いわむらあきのり》氏（2007～2008年／タンパベイ・レイズ）の3名のみ。投手や外野手のように、タイトルを獲得したり、チームの看板的存在になった選手は出現していないのが現状です。

試合数の多さ、移動距離の長さ、メジャーの投手との対戦などなど、タフな挑戦となる要因は様々ですが、内野手にとって最大のネックは天然芝の守備でしょう。日本でベストナインやゴールデングラブ賞を受賞した名手でも、対応に苦しんでいた姿は印象的です。やはりイレギュラーの少ない人工芝に比べると、打球の回転や天候によって独特のボールの〝躍り方〟をする天然芝のディフェンスは困難です。また、ゴロの勢いが急激に落ちるような〝死に方〟をするボールを待っていると送球が間に合わなくなるため、素早いチャージが必要になってきます。そのあたりに慣れるのに時間はかかるでしょう。

ただ、出場選手登録8年に達し、2018年オフに国内フリーエージェント（FA）権の資格を取得した広島東洋カープの菊池涼介選手に関して言えば、天然芝のマツダスタジアムをホームにしているので比較的、アジャストしやすいかもしれません。

メジャーが近年、求めているのは打てる内野手です。そういう意味では巨人の坂本勇人《さかもとはやと》選手、ヤクルトの山田哲人《やまだてつと》選手あたりの名前が挙がりそうですが、アストロズのホセ・アルトゥーベ選手や、レッドソックスのザンダー・ボガーツ選手など、絶対的なレギュラーのスーパースターがいる場合は決して空きのないスポットでもあります。

しかし、レギュラーではないユーティリティな内野の守備職人のような選手は、いても困らないと言うと少し言葉が過ぎますが、どのチームも欲しい。緻密さという意味では日本の選手はとてもよく野球を知っています。そういう選手は守備固めや代走中心でもいいので、ベンチに置いておきたいものです。

そしてこれは私の意見ですが、菊池選手のような走攻守とも器用にこなす選手は、長いシーズンを戦ううえで、非常に大切な存在だと思います。先述したように、メジャーのロースター（選手枠）は２０２０年から26人になります。投手は先発とブルペンを合わせると一般的には半分で、スタメンの９人を除くと4～5名しか野手は残りません。ＤＨのあるアメリカン・リーグの場合はさらに１枠減り、捕手、内野、外野にそれぞれ控えを置くだけのケースもあります。そういう意味で内野の全ポジションを守れるであろう菊池選手は、非常に貴重な存在になってきますし、勝つチームにはそういう名脇役が必ずいるものです。1から3ミリオン（約1億円）程度なら出費を惜しむ球団はないでしょう。

もちろん、打撃で結果が出ればレギュラーも十分に狙えますし、狙うべきです。彼はサイズがないぶん（171㎝、72㎏）、広角に打てますし、身体をコンパクトに回転させる技術が非常に高く、引っ張って強い打球を飛ばすこともできます。

堅守と走力ありきで、打率が2割7～8分、ホームランが5本、良ければ10本。そんな数字が期待できると判断されれば、年間を通してセカンドを任《まか》せたいというチームはかなり多いのではないでしょうか。

ただ、菊池選手は広島が出したくないスター選手でしょうし、今、レギュラーとして活躍しています。あの守備は広島の誇る観光資源といってもいいでしょう。

やはり大前提として、菊池選手自身がどのようなイメージでメジャーに挑戦したいのかがまずは大切です。現在、カープでは不動のレギュラーで、打順もポジションも2億4000万円（推定）の年俸も保証されている状態です。大きな怪我やひどい不振に遭《あ》わない限り、来季以降も同等以上の待遇が見込めます。

その地位とサラリーを一度、リセットするのはどんな選手でも勇気が必要です。立場や評価は関係なく、ゼロからメジャーで守備固めに使われるという挑戦が、本人にとっていいものなのかといえば分かりません。もちろん、レギュラーとしてシーズンを通して活躍する可能性は小さくありませんが、いずれにしてもリスクは伴います。

メジャーのラインナップはどうしても打撃、もっと言ってしまえばホームランを打つ選手やOPS（On-base《オンベース》 plus《プラス》 slugging《スラギング》／出塁率＋長打率）の高い選手がプライオリティの上に来ますので、守備や走塁ありきの菊池選手は認められるのに時間がかかる可能性も高い。まずは〝便利屋〟として、ベンチに置かれるだけのシーズンを余儀なくされるかもしれません。

それを覚悟して太平洋を渡るなら、もちろん応援したいですね。逆に言えば、彼が内野手でレギュラーを取ること、あるいは前述したように複数ポジションをこなせるマルチロールとしてチームに貢献することで、日本人内野手の可能性がまた広がっていきますから。

いずれにしても、近年、日本人内野手はメジャーでプレーしていないこともあり、データや年俸の相場がないと言っていい状況です。そのあたりをメジャーのスカウティングチームや編成がどう考えて、バランスを取るかも興味深いですね。菊池選手はメジャーにどんな具体的なイメージを持っているのか。そしてどんなチームがどのような評価を持って獲得に乗り出すのか。彼の挑戦は日本球界にとっても意義あるものになりそうです。

メジャーに必要なのは「逆算」する能力

これまで紹介してきた野球選手が、いずれも高い能力、強い意志、大きな夢を抱いて野球を続けてきたことは間違いありません。

よく「メジャーに向いている選手はどんなキャラクターですか?」という質問を受けますが、上記の三つは必須だと思います。

私の経験からそれに足す要素があるとしたら、「現実的なゴールの設定と逆算する能力」です。

大谷翔平選手が花巻東《はなまきひがし》高校時代に使用していた「目標達成シート」が話題になりましたが、あれと基本的には同じですね。

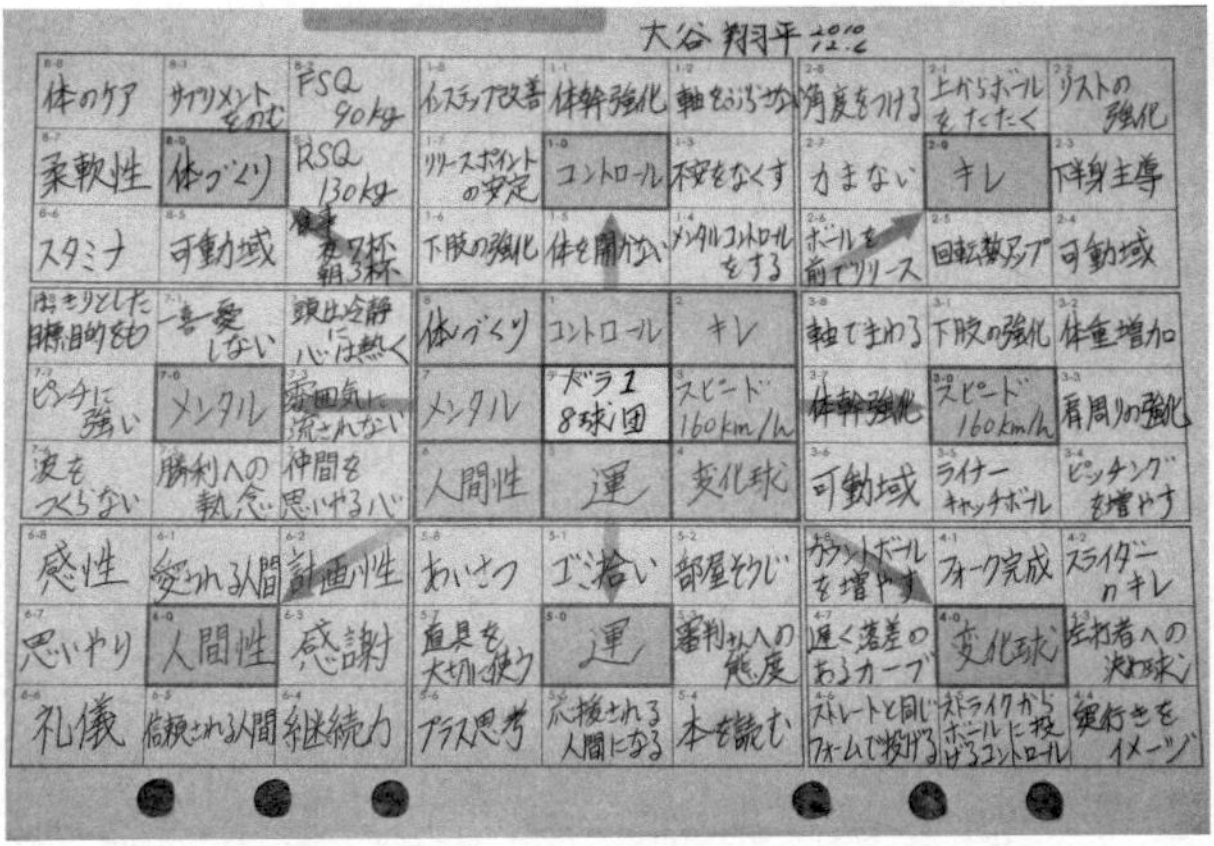

大谷選手の目標達成シート。中央に「ドラ 18 球団」とある

大谷選手が使っていたのは、マンダラチャートという四角形のマスを多数、区切ったものので、彼は中央に「ドラ１　８球団」（８球団からドラフト１位指名を受ける）を大目標に掲げていました。

その「ドラ１　８球団」を達成するために、必要な「メンタル」であったり「コントロール」「変化球」「人間性」といったキーワードが「ドラ１　８球団」を囲むように書き込まれ、今度はその「人間性」を実現させるために「感性」「礼儀」といった具合に目標が細分化されていくものです。

これはもともと経営者のタスク管理に使用されていたチャートらしいのですが、最近では学業やスポーツ、日々の生活にも活用されているようですね。

私もチャートこそは作っていませんでしたが、自分のノートに大きな目標を書いていました。

例えば「シアトルでクローザーを任される」なら、まず自分はセーフコ・フィールドではどのタイプのバッターに打たれていて、どのバッターだったら怖くないのか、情報を集め自己分析をします。そしてウィークポイントがあるなら、それを克服するのに必要なことは何か。次に、そのために必要なのがメンタルという仮説を立てたなら、今度はそれを手に入れるためにこんな本を読んでみよう、あの人の意見を参考にしてみようと逆算しつつ、可能性を探りながら自分なりに強化を進めていました。

そんな難しいことではありません。夏休みの宿題と一緒です。誰もが「7月のうちに漢字ドリルは片づけておいて、自由研究はお盆で田舎に行った時。読書感想文は8月20日までに終わらせよう」と計画を立てたはずです。

もちろん、完璧にうまくはいきません。でも、まずは計画を立てることが自身をゴールに向かわせる大きな一歩なのです。その工程でズレもあるし、誤算もある。そんな時は、また逆算を修正し直してゴールに向かえばいい。その作業や工程を「楽しい」と感じることのできる人こそ、メジャーリーグのような大きな舞台にたどり着く資質を持っているのではないかと私は信じています。

そしてそうして養ったものは、メジャーリーガーで言えば、その人のキャラクターであり、ルーティーンであり、心の拠《よ》りどころになってくれることが多いですね。

エンゼルスのレジェンドの一人、ギャレット・アンダーソン氏は現役時代、チームで行なうバッティング練習とそれ以外では、ティーバッティングしかせずに試合に入っていました。

それでも結果が出るので、私は一度「なんでそれだけで打てるの？」と聞いたことがあります。彼の答えは「ボールの内側さえ強く叩ければ、それでＯＫ」で、私にはちょっと理解できませんでしたが、彼はそれでも17年の現役生活で２５２９本のヒットを量産しました。極端な例かもしれないですが、彼なりに自分を分析し、結果を出すために逆算と修正を繰り返したのでしょう。メジャーリーガーは、それぞれのアプローチで正解にたどり着く人ばかりだということです。

それは「逃げ」なのか「決断」なのか――育成年代へのアプローチ

アメリカで暮らしていると、あるいは育つと、「自分を分析して結果を出す、ゴールに向かう」メンタルに到達しやすい気がします。

例えば、大阪童夢《おおさかどうむ》君という選手がいたとしますね。彼は中学3年で、野球を真剣にプレーしていたけれど、地肩が弱いことに気づいた。あるいは自分とは合わない指導者がいた。だから高校ではバスケットボール部に入部して、また本気で取り組んだら県大会でベスト4まで勝ち進んだ。

彼の選択に正しい、正しくないは存在しません。誰にも未来は分からないのですから。でもそこで、童夢君が野球とは違う選択――バスケットでもサッカーでも書道でも絵画でも株式取引でも何でもいいのですが、新しい選択をした時、親や指導者が、

「野球から逃げるのか」

と否定的に認識するケースと、

「そうか、大きな決断をしたね」

と肯定してあげるのでは、メンタル的にも彼の将来的にも天と地ほどの差が生まれると

思いませんか？

日本では、前者の声のほうが多い気がします。とことんやり抜くことが美学と捉えられているきらいがありますし、「諦《あきら》めずに夢を追うこと」が美談にされがちです。もちろんやり抜くこと、諦めないことは大切ですが、それが行き過ぎると〝燃え尽き症候群〟のような副作用も生まれてしまいます。

登山で言う「勇気ある撤退」に似た選択かもしれませんが、スポーツで、特に育成年代での進路選択で、「別の道を進むこと」は、もう少し考慮され、加味されてもいいと私は思っています。

もちろん、真剣に取り組んで結果が出なかった場合と、結果が出ない言い訳として違う道を選択するケースがあると思います。その時はまた家族や指導者が本音で接する機会ですから、escape《エスケープ》（逃避）と捉えるかgood decision《グッド　デシジョン》（良い選択）と認めるかを見極めるのも周囲の大人の役割なのではないでしょうか。

アメリカのスポーツの現場は、そうしたどちらとも捉えることのできる事象をポジティブに解釈するのが本当に上手です。

ある大学の試合を観戦していた時、不調の左打者に2打席連続でチャンスが回ってきたのですが、いずれもセカンドライナーでした。

「凡打でチャンスを逃してしまった」

と思う方もいるかもしれません。でも、その大学のコーチはその選手に向かって「同じ打球が飛ぶってことは、しっかり同じスイングができている証拠だ。その調子で強く振り続ければ（野手の間を）抜けるんじゃないかな。ナイスバッティング」と声をかけたのです。そのコーチは、さして有名な方ではなかったのですが、私は「やるなあ」と思いました。これこそアスリート大国の源泉なのだな、と思い知らされました。

メジャーでは、これと類似した話題に「移籍」があります。

日本では、移籍は「放出」のような言葉が使われ、若干ネガティブな捉え方をされることもありますが、こちらでは「求められて行く」という意味合いが強いです。ファンやメディアなども「左のワンポイントが薄いから獲ってほしい」とか「代走と守備固めにもう1枚オールラウンダーがいてもいいのでは」と具体的な要望を出すので、移籍市場は活発です。

また、メジャーは球団数も多いうえに、選手ごとに多様な契約を交わしていますから、複雑な事情が絡《から》み合っています。移籍は日常茶飯事なので、映画で観るような「お前は最高のチームメイトだったよ」「ワールドシリーズで会おうぜ」なんていう大袈裟な挨拶は、基本的にはいちいちしません。

だから、例えば仲のいいチームメイトが打撃不振で外に出ることになっても、声のかけ方としては「バッティングが本調子じゃなかったのに、シカゴが欲しがるなんてやっぱりお前の守備は評価高いんだな」といった表現が正解に近くなります。

交渉の席はビジネスそのものだったので、私は好きでした。

「チームとしては戦力として考えたいけれど、球団としてはサラリーを負担できない。この金額を望むなら出ていくのも仕方ない」

このような感じです。当然、エージェントがいて駆け引きは存在するのですが、全員がビジネスライクなので、私の場合はあまり遺恨《いこん》やしこりのようなものは残りませんでした。淡々と事実を突き詰めていく。だからこそ、本人の受け止め方や周囲の声のかけ方が大切になってくるのでしょう。

りました。

変わりゆく時代の中で「自分なりの成功」を

日本のプロ野球もメジャーリーグも刻一刻と変化をしています。日本人メジャーリーガーも増えましたし、メジャー球団のスカウティングがアジアを視野に入れるのも当然になりました。

逆にメジャーのドラフトにかかったような有望な選手、例えばソフトバンクに入団したカーター・スチュワート投手（2018年のMLBドラフトで、アトランタ・ブレーブスが1位指名）のようなプロスペクト（prospect／前途有望な人材）が日本球界に切り込んできたりするなど、また新たなルールや認識が必要になってきました。

ここ10年でのデータ化の波は凄《すさ》まじく、2000年代初頭に一世を風靡《ふうび》した統計学を画期的に活用したセイバーメトリクスすら昔話になり、「トラックマン」という弾道測定器が拾ってくる膨大なデータをどう活かすか、が勝負のアヤになってきています。チームがアナリストを抱えるのも当然になっています。

しかし、久しぶりに現場に行ってブルペンをのぞいたら、若い選手がピッチングコーチに「しっかりストライク投げるのを忘れないように」と声をかけられていました。私も現役時代にコーチによく言われたものです。

「目の前のストライクが三つ重なって三振になるのだから、まずはひとつのストライクを取りなさい」

当たり前ですが、ストライク三つでアウトというルールは変わるわけがないですから、レギュレーションやデータにとらわれすぎずに、まずは自分のボールを投げないといけない。それも変わりませんし、むしろ重要性は増してきたかもしれません。

また、野球が変われば選手も変わってきます。

私の現役の頃は、いくら日本人同士とはいえ他チームの現役の選手と情報交換をすることはほとんどありませんでした。

そのせいか「A選手とB選手は不仲」なんていうくだらない噂や報道もありました。でも考えてみたら、一般社会でもライバル企業の営業部員同士、仲良くはしないですよね。仲が悪いというよりは「タイプが違う」といった表現にすべきでしょう。

野球ではなく、陶芸でも料理でも、一流の職人はそれぞれ自分のフォームを持っていて、それはお互いに「すごいな」と思いながらも「俺とは違うな」とも感じている。そんなものです。

時代が変わって今の選手は本当に仲がいいし、情報交換が上手だなと感じます。SNSなどの存在も大きいでしょう。情報を取り入れて役立てる技術は、我々の頃と比べると格段に高いです。

でも、だからこそ「自分なりの成功」をしっかり定義づけて、あるいはメジャーで見つけてほしいと思います。

私はメジャーでの9年間の現役生活で、「ゴールに向かって走り続けること」が成功だと感じるようになりました。結果より、次の目標をしっかり持てるかどうかが大切で、ひょっとすると死ぬまで自分が成功したかどうかは判然としないかもしれません。

実際に私は、野球を引退する前に次のビジネスで成功するという目標を得て、それも一定の結果が出てきた今、今度はゴルフでプロになるという新しいゴールを見つけて日々、過ごしています。

そうして過ごす毎日は、1997年にアメリカに来た時と同じように新鮮で、時間が経つのが速いです。その濃厚な時間を味わいながら、次のゴールを探していきたいと思っています。

大谷選手をはじめ、これからメジャーに挑戦する選手、甲子園を目指す球児もみんな一緒です。明確なゴールを設定し、それに向かって頑張ってください。その姿に私たちはまた刺激をもらい、暮らしていくのですから。

あとがき

今、私は日米で多くのゴルフの大会に出場しています。真剣にプレーすればするほど、より高いレベルにたどり着き、そのたびにメンタルがプレーにもたらす影響の大きさを痛感します。これはゴルフにも野球にも共通することです。

メンタルが、ある意味でフィジカル（プレー）を〝支配〟するということは、自分を客観的に見つめ、場合によっては自己にペナルティーを科すことができる。それは一つの能力だと考えるようになりました。

何も野球やゴルフに限った話ではありません。世の中のあらゆる仕事や、日常生活のうえでも言えることです。人が毎日を生きていく以上、いいことばかりではありませんし、結果が出ない時期も多い。でも、そこで笑えること、楽しめることは、成功するための重要なファクト、あるいは技術です。

そういう意味では、本文でも紹介した「大谷翔平選手とマイク・トラウト選手という日米の野球小僧が並んだシーン」は僕の中で印象的でもあり、象徴的なものでした。

エンゼルスにしてもいいシーズンばかりではなく、負けることだってあります。才能に溢れたこの2選手でさえも凡退します。それでも野球が大好きで、そのプレーを心から愛している。私は「才能」という言葉はあまり好きではありませんが、彼らに、あるいはすべての成功者にそれが備わっているとしたら、そのビジネスを心から楽しむことができる能力こそが「才能」なのかもしれません。

本書のタイトルどおり、大谷選手は二刀流という類稀《たぐいまれ》なスタイルでメジャーリーグの新時代を背負う存在になっていくでしょう。彼のメンタリティはほぼ完成されていると思いますが、これから投打で対峙する数々の超一流選手とのマッチアップが、さらに彼の洗練を促すでしょう。

そしてその対戦を見た後進や、日米の野球少年たちが夢を抱き、またメジャーリーグを目指します。その過程で、大谷選手が備える能力開発や自己実現といった啓発の力は欠かせません。

自分はどんなプレーヤーになりたいのか、なるべく具体的にイメージすること。それに向けてどんなトレーニングが効果的か、自分で考えること。

新時代を作るのはその能力に長《た》けた選手です。そしてそれをサポートするのが我々、大人の役割です。

世界一のヒットマン、ローテーションを守る仕事人、そして二刀流。様々なスーパースターが生まれた平成。令和にはどんな日本人メジャーリーガーが生まれるのでしょうか。新星が輝ける社会を我々は形成していかなくてはなりません。

長谷川滋利

切りとり線

★読者のみなさまにお願い

この本をお読みになって、どんな感想をお持ちでしょうか。祥伝社のホームページから書評をお送りいただけたら、ありがたく存じます。今後の企画の参考にさせていただきます。また、次ページの原稿用紙を切り取り、左記まで郵送していただいても結構です。

お寄せいただいた書評は、ご了解のうえ新聞・雑誌などを通じて紹介させていただくこともあります。採用の場合は、特製図書カードを差しあげます。

なお、ご記入いただいたお名前、ご住所、ご連絡先等は、書評紹介の事前了解、謝礼のお届け以外の目的で利用することはありません。また、それらの情報を6カ月を越えて保管することもありません。

〒101-8701（お手紙は郵便番号だけで届きます）
祥伝社新書編集部
電話03（3265）2310
祥伝社ホームページ　http://www.shodensha.co.jp/bookreview/

★本書の購買動機（新聞名か雑誌名、あるいは○をつけてください）

＿＿＿＿新聞の広告を見て	＿＿＿＿誌の広告を見て	＿＿＿＿新聞の書評を見て	＿＿＿＿誌の書評を見て	書店で見かけて	知人のすすめで

★100字書評……私が見た 大谷翔平とメジャー新時代

名前

住所

年齢

職業

長谷川滋利　はせがわ・しげとし

1968年、兵庫県生まれ。東洋大姫路高、立命館大を経て1990年にドラフト1位でオリックス・ブルーウェーブ（現オリックス・バファローズ）に入団。96年まで日本で57勝を挙げる。97年にアナハイム・エンゼルスと契約し、3人目の日本人メジャーリーガーに。2002年シーズンにはシアトル・マリナーズに移籍。翌03年、連続29イニングを無失点に抑えて球団記録を更新。オールスターゲーム出場も果たした。日本人最多（19年現在）のメジャー通算517試合に登板し、45勝33セーブをマーク。2006年1月、現役引退を表明。現在はオリックスのシニアアドバイザーを務めるかたわら、日米でゴルファーとしても活動する。

私《わたし》が見《み》た
大谷翔平《おおたにしょうへい》とメジャー新時代《しんじだい》
長谷川滋利《はせがわしげとし》

2019年10月10日　初版第１刷発行

発行者……………辻 浩明
発行所……………祥伝社《しょうでんしゃ》
〒101-8701　東京都千代田区神田神保町3-3
電話　03(3265)2081(販売部)
電話　03(3265)2310(編集部)
電話　03(3265)3622(業務部)
ホームページ　http://www.shodensha.co.jp/

装丁者……………盛川和洋
印刷所……………萩原印刷
製本所……………ナショナル製本

Printed in Japan　ISBN978-4-396-11584-5　C0275